高等职业教育教学改革创新规划教材 · 酒店管理系列

KEFANG
FUWU YU
GUANLI

客房服务与管理

【主编】
赵 丹 王晓欢 吕 尤

首都经济贸易大学出版社
Capital University of Economics and Business Press
· 北 京 ·

图书在版编目（CIP）数据

客房服务与管理/赵丹，王晓欢，吕尤主编 .--北京：首都经济贸易大学出版社，2019.11

ISBN 978-7-5638-2995-8

Ⅰ.①客…　Ⅱ.①赵…　②王…　③吕…　Ⅲ.①客房—商业服务　②客房—商业管理　Ⅳ.①F719.2

中国版本图书馆 CIP 数据核字（2019）第 185214 号

客房服务与管理

赵　丹　王晓欢　吕　尤　主编

责任编辑　薛晓红

封面设计　风得信·阿东 FondesyDesign

出版发行　首都经济贸易大学出版社

地　　址　北京市朝阳区红庙（邮编 100026）

电　　话　（010）65976483　65065761　65071505（传真）

网　　址　http：//www.sjmcb.com

E-mail　publish@cueb.edu.cn

经　　销　全国新华书店

照　　排　北京砚祥志远激光照排技术有限公司

印　　刷　人民日报印刷厂

开　　本　787 毫米×1092 毫米　1/16

字　　数　249 千字

印　　张　9.75

版　　次　2019 年 11 月第 1 版　2019 年 11 月第 1 次印刷

书　　号　ISBN 978-7-5638-2995-8

定　　价　36.00 元

本书编写委员会

主　编　赵　丹　王晓欢　吕　尤

副主编　吴　莹　霍宏燕

参　编　孟庆振　金晓琳　张莉莉

内容提要

本书遵循酒店客房部员工的职业发展规律，从客房认知、客房服务和客房管理三大模块阐述客房工作需具备的理论知识、服务技能和管理能力，并将服务意识、团队意识等软技能融入其中。

本书从独特的视角来诠释客房工作：客房部员工像“幕后魔术师”，让客人见证奇迹，惊喜不断；客房部员工要主动学习、努力创新，才能够满足新时代客房服务与管理工作的需要。

本书既可作为高职高专院校酒店管理及相关专业的教学用书，也可作为酒店相关从业人员的参考资料和培训用书。

前言 PREFACE

本教材以教育部关于高职课程改革的具体要求为指导思想，与校外实习基地相关人员合作，根据员工职业发展规律设计教学内容，建立了突出职业能力和职业素质培养的课程体系。针对时下网络盛行的关于酒店客房卫生的负面报道，本教材融入了客房员工软技能的训练；针对酒店智能化的发展趋势，本教材更加注重客房员工学习能力和创新意识的训练，为客人提供“有温度”的服务，成为无法被机器人所替代的“幕后魔术师”。

本教材内容共分为三大模块、十大项目、二十二项任务。

模块一：客房认知。本模块下设三个项目五项任务：概括介绍了客房的类型、客房的设施设备；客房部的重要地位和作用、客房部的岗位职责；客房人的素质与能力等。通过本模块的学习，正确认识酒店的客房、客房部和客房人，理解“一屋不扫，何以扫天下”的理念。

模块二：客房服务。本模块下设三个项目九项任务：以对客服务的全过程为主线，详细介绍了客人住店前的准备工作，包括布置客房、准备工作车；客人住店期间提供的服务，包括清扫住客房、收送客人洗衣、递送借用物品、处理突发事件、提供夜床服务；客人离店的后续服务工作，包括检查退房、处理客人遗留物品。通过本模块的学习，熟悉客房部主要岗位的工作职责和操作标准，客房部员工不仅仅打扫卫生，而且像“幕后魔术师”一样施展魔法，让客人见证一个又一个的奇迹，惊喜不断。

模块三：客房管理。本模块下设四个项目八项任务：从客房部对管理人员的要求展开，介绍了客房人员管理，包括安排班次、培训员工；客房物品管理，包括管理客房设备、管理客房用品；客房安全管理，包括保证客房安全、处理客房安全事故；客房服务质量管理，包括保证服务质量、处理客人投诉。通过本模块的学习，熟练掌握客房管理的工作要点。客房部员工需要懂得统筹管理、时间管理，需要具备沟通、应变和学习能力等，才能够满足新时代酒店客房服务与管理工作的需要。

本教材既可作为高职高专院校酒店管理及相关专业的教学用书，也可作为酒店相关从业人员的参考资料和培训用书。

本教材编写过程中得到了大连香格里拉大酒店人力资源部副总监霍宏燕女士、招聘经理吴莹女士的支持；本教材链接资源得到了大连凯宾斯基酒店人力资源部经理金晓琳女士、招聘经理张莉莉女士、楼层主管（现任PA经理）孟庆振先生的鼎力协助，在此表示衷心感谢！

由于编者学识水平有限，经验不足，教材中难免有缺憾和不妥之处，敬请各位同行和读者批评指正，谢谢！

目录

CONTENTS

模块一　客房认知

模块综述

通过学习本模块，学生能够了解客房的类型、客房的设备设施；客房部的地位、作用及其主要岗位和职责；了解客房人应具备的素质及能力，对于酒店的客房、客房部及客房人有所认知。

项目一　认识客房

项目介绍

通过学习本项目，学生能够了解酒店客房的主要类型，以及酒店客房的设备设施。

客房现场介绍

任务一　认识客房的类型

任务导入

带领学生实地参观酒店客房。

任务分析

通过完成该项任务，学生能够了解客房的主要类型。

微课 1：
认识客房

一、酒店的定义

根据国家标准 2010 版《旅游饭店星级的划分与评定》（GB/T 14308—2010）（以

下简称标准)，旅游饭店（Tourist Hotel）是指以间（套）夜为单位出租客房，以住宿服务为主，并提供商务、会议、休闲、度假等相应服务的住宿设施，按不同习惯可能也被称为宾馆、酒店、旅馆、旅社、宾舍、度假村、俱乐部、大厦、中心等（本书以下统一使用“旅游酒店”一词）。其主要特点为标准化、程序化和规范化。按照目的，主要分为商务型酒店、度假型酒店、会议型酒店和经济型酒店等。

据中华人民共和国文化和旅游部统计，截至 2018 年第二季度，共有 9 332 家星级酒店通过省级旅游主管部门审核。其中，一星级 60 家，二星级 1 583 家，三星级 4 497 家，四星级 2 367 家，五星级 825 家，占比分别为 0.64%、16.96%、48.19%、25.36% 和 8.84%（如图 1-1 所示）。

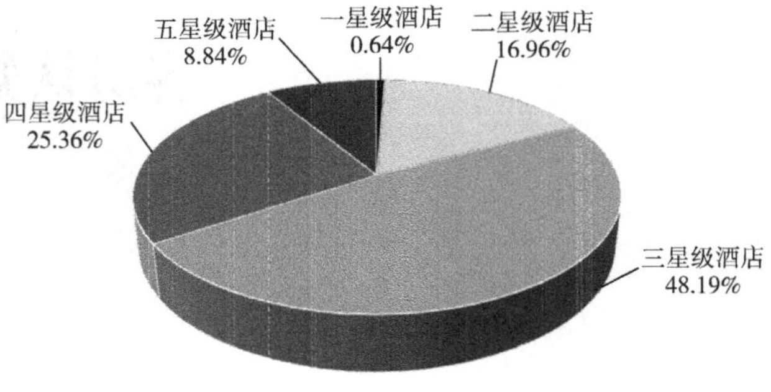

图 1-1　2018 年第二季度全国星级酒店数量结构

值得关注的是，中国住宿业已经进入多元业态阶段，除本书中阐述的传统酒店外，近几年发展迅猛的非标准住宿也占据了一定的市场份额，详见“中国非标准住宿行业现状与发展趋势及前景预测”（二维码链接 1）。非标准住宿是除了由个人业主、房源承租者或商业机构为旅游度假、商务出行及其他居住需求消费者提供的除床、卫浴外，更多个性化设施及服务的住宿选择，主要包括客栈、民宿、公寓、精品酒店、度假别墅、小木屋、帐篷、房车、集装箱等。非标准住宿产品具有房源更分散、单点房源量较少、单个房间产品更个性化、经营主体多元化、提供个性化设施及服务、相对依赖“互联网+”的特征。

二维码链接 1

2015—2017 年中国非标准住宿行业市场规模爆发式增长，房源供应量稳步提升，三年间年均增速达 5%，2017 年非标准住宿行业房源供应量达 521.6 万个（如图 1-2 所示）。

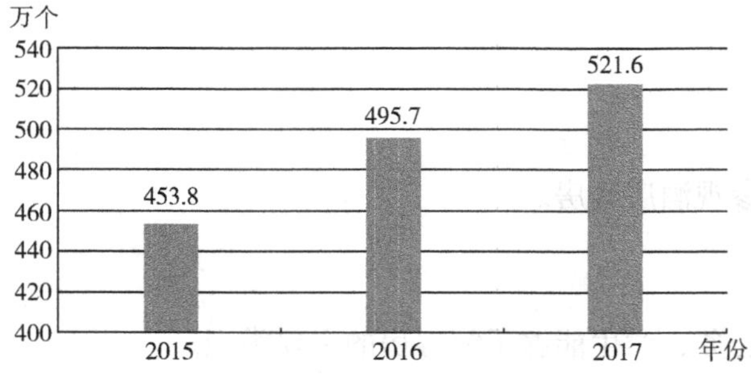

图 1-2　2015—2017 年中国非标准住宿行业房源供应量

资料来源：中研普华产业研究院。

面对非标准住宿业的快速发展，传统酒店业应如何应对是值得酒店管理者思考的问题。总的来看，更新产品类型、实现个性化和差异化将是大势所趋。

二、酒店客房的主要类型

（一）传统的酒店客房类型

酒店的客房主要有以下类型：

1. 单人间（Single Room）（图 1-3）

房间内有一张单人床，按一人标准配置设备与用品，经常被酒店作为经济间或者特价房推出，起到招徕客人的作用。

2. 标准间（Twin Room）（图 1-4）

房间内有两张单人床，按两人标准配置设备与用品，可容纳两位客人，比较适合旅游团等团队客人居住。

3. 大床间（Double Room）（图 1-5）

与标准间的主要区别在于房间内有一张双人床，按两人标准配置设备与用品，可容纳两位客人，也可供喜欢大床的客人单独使用。

图 1-3 单人间

图 1-4 标准间

图 1-5 大床间

4. 普通套房（Junior Suite）（图 1-6）

普通套房一般由卧室（与主卫生间）和起居室（与次卫生间）组成，按酒店规定标准配置设备与用品。

5. 总统套房（Presidential Suite）（图 1-7）

至少有 5 间房以上，房间内主次卧室两间（各含卫生间）、休闲娱乐厅、餐厅厨房、会客厅、书（琴）房各一间，有些酒店还设置健身房、游泳池、酒吧台以及私家花园等。总统套房具备接待国家元首、政务要员的住宿条件，多用于接待集团总裁、富商巨贾、影视明星等，也用于接待期待享受“总统级”待遇的普通客人。

6. 行政套房（Executive Suite）（图 1-8）

行政套房集中于酒店行政楼层，有独立的接待处为客人办理入住及离店手续，配有专用商务中心、行政酒廊等，为客人提供早餐和下午茶服务。

图 1-6 普通套房

图 1-7 总统套房

图 1-8 行政套房

7. 公寓套房（Apartment）（图 1-9）

公寓套房与普通套房的区别在于通常配有厨房设施，比较适合长住客人，更像客人的“家”。

8. 内景房（Inside Room）

窗户朝向酒店内的房间，相对比较安静。

9. 外景房（Outside Room）（图 1-10）

窗户面向大海、公园、湖泊以及景区景点的客房，风景优美，很受客人青睐。

10. 角房（Corner Room）

位于楼房边上的房间，一般两面都可以照到太阳，但是因为有两面窗户或是阳台，房间里可能会稍微有点吵，国外有些高档酒店把这种房间做成套房，可以看到更多外面的景色。

11. 连通房（Connecting Room）

两间并列的标准房内有一门可打开互通，不需经过走廊。比较适合家庭客人居住。

12. 相邻房（Adjoining Room）

两间相邻的房间，但房内无门互通，需要经过走廊才能过去。比较适合团队客人等。

（二）个性化的酒店客房类型

1. 无障碍客房

值得一提的是，在标准中，五星级酒店必备项目有无障碍客房的要求。无障碍客房（图 1-11）是酒店必备的服务于特殊人群的房间，通常占总客房数的 1%。在必要时也会出租给商务客人。房间对通道和一些空间要求相对宽敞，并在卫生间内安装适用于特殊人群的五金件，方便使用人群。设计时，无障碍客房可以与其相邻的标准间做成连通房，以方便其他人员对特殊人群的照顾。

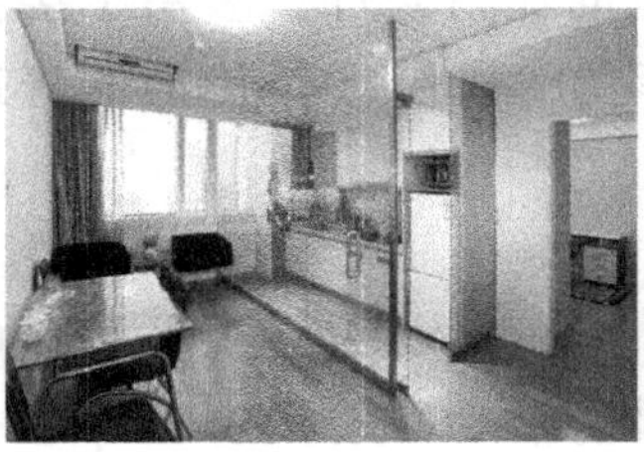

图 1-9 公寓套房

图 1-10 外景房

图 1-11 无障碍客房

无障碍客房设计的特殊之处主要体现在以下八个方面：

（1）防护：地面应当选用防滑材料，以防残疾人跌倒损伤；厕所门上装护门板，以免轮椅的脚踏板碰坏门。

（2）布局：卫生器具的安装位置和高度要合理，便器两侧都应留有便于轮椅接近的空间。

（3）辅助：在卫生器具周围安装扶手，扶手的位置合适、连接牢固。

（4）方便：水龙头开关应便于操作，可采用脚踏式、长柄式、感应式等。

（5）呼救：厕所内应设紧急呼救按钮。

（6）指示：房间应标示明确，特别应设置方便盲人寻找的导盲板和盲人标牌；厕所门上应设置能反映厕所使用状态的标示（如"使用中"等字样）。

（7）通畅：卫生间室内外的地面高差不得大于 20mm，方便残疾人和残疾车顺利通过。

（8）尺度：门扇开启的净宽不得小于 0.8m，以方便残疾车通过；厕所内应留有 1.5m×1.5m 的轮椅回转空间。

2. 女士客房（图 1-12）

近年来，女性受到更多的教育，得到更好的工作机会，有了更为可观的收入，女性消费市场开始迅速发展。另一方面，酒店市场竞争更为激烈，市场高度细分化成为酒店发展的必然趋势，酒店利用不同的产品去迎合不同需求的客户群。这些因素都促进了女性酒店在市场上的产生与发展。

图 1-12　女士客房

自 1984 年 Ian schrager 在美国纽约麦迪逊大街开办了 Morgans 精品女性酒店以来，众多酒店也都开始了这一业务。例如，温德姆专门实施了一项"旅途中的女士"计划，邀请女性商务客人对集团所有酒店提供的设施和安全状况提出意见。

皇冠假日酒店非常重视女性顾客对酒店品牌的忠诚度，不断创新激发女性顾客的兴趣，因此，即使在商务顾客很少的时候，女性楼层也几乎满客。

希尔顿酒店开设的女性楼层，还在房间提供女性营养食谱，为顾客提供晨练地图，为深夜在停车场停车的女性顾客安排护卫保护顾客安全。

厦门艾美酒店的女士楼层中，专门配备有女性服务员和女性安保人员，酒店还可根据客人要求，安排女性随从照料。酒店除了提供低卡路里的健康食谱餐饮、瑜伽垫和护肤洗浴套装，还在女士楼层提供柔软舒适的羊毛袜、丝质衣架和各式浴盐等。

3. 家庭房/儿童房

目前越来越多的家庭举家出游，酒店为满足家庭客人的需求，会在特定的楼层专门设计家庭房或儿童房。以卡通人物、萌萌的小动物等为主题，小朋友使用的毛巾、拖鞋、浴袍、洗护用品全部都是定制的。比如 2018 年 7 月初，香港迪士尼乐园酒店推出了全球首间《冰雪奇缘》主题套房，从开始构思到投入使用，大约耗时 1 年。酒店的 13 间套房中，有 5 间被改造成了《冰雪奇缘》主题套房。

从门外装饰到室内装修，电影中的元素无处不在。清新的壁纸配色、特定的地毯、天花板，就像走进了梦幻的冰雪王国（图 1–13）。印有主角图案的门卡、艾莎和安娜剪影的墙纸、《冰雪奇缘》的游戏、主题漱口杯……诸多电影中的场景，令人有身临其境之感。还有克斯托夫的“雪橇坐椅”（图 1–14），坐在上面，似乎会随时出发，让人瞬间回忆起电影里的精彩片段。

图 1–13 “冰雪奇缘”主题客房 1

图 1–14 “冰雪奇缘”主题客房 2

房间内更有适合孩子的小小玩乐天地，大型雪宝的毛绒公仔、“冰雪奇缘”主题的绘本书籍，都让小朋友们爱不释手。爸爸妈妈们则可以享受套房内精致的主题下午茶（图 1–15），点心颜值、口味同时在线，绝对是视觉、味觉的双重享受！旁边还有为孩子们特地准备的主题餐具。此外，入住主题套房，还能获得限定的《冰雪奇缘》主题洗漱用品一套、一家三口不同款式的拖鞋（图 1–16），在迪士尼商店里都买不到。

图 1-15　精致主题下午茶

图 1-16　主题客房拖鞋

4. 婚房

随着消费观念的转变，现代年轻人都选择在酒店办婚宴，因此，酒店在订婚宴的同时也会为新人设计婚房（图 1-17）。有些酒店会采用中国元素（图 1-18），有些酒店会采用中西结合（图 1-19）的方式，为新人布置婚房，营造幸福的氛围，表达对新人良好的祝福。

图 1-17　主题婚房

图 1-18　主题元素 1

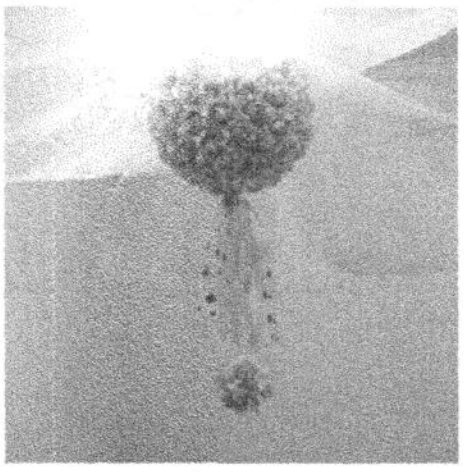

图 1-19　主题元素 2

5. 智能化客房

随着智能化在各行各业的普及，酒店业的智能化程度越来越高。比如 2018 年 12 月 17 日，以“菲住布渴”命名的阿里飞猪未来酒店正式营业（图 1-20）。“菲住布渴”不但包含了“飞猪”的谐音，还同“非住不可”一语双关。

酒店最大的特点是智能化服务：人脸成了房卡的代替品（图 1-21），看不到门口帮客人打开车门的服务生，甚至也没有前台，只有白色的灯光、曲线与大屏幕营造的先锋与科技感。整个酒店还配备有智能机器人，可以完成自动取餐、配送等服务。在房间里，配备有“天猫精灵”可以实现语言操控房间设施。我们在传统酒店退房时，前台会派卫生阿姨前去查房，但在未来酒店，客人只需在手机上退房（图 1-22），系统就会弹出客人的所有消费金额，点击确认，随时离店。

图 1-20　阿里未来酒店

图 1-21　刷脸入住

智能化客房能够满足部分客人追求新奇的需求，但仍有客人更青睐有温度、有灵魂的服务。

图 1-22　手机退房

此外，2018 年 10 月 25 日，京东旅行在北京召开战略发布会，正式对外公布“无界酒店”战略。未来京东酒店将围绕场景拓展、会员赋能、双向采购、全景营销四大战略，重构酒店行业的人、货、场，成为酒店行业的创新者与赋能者。据京东人士介绍，他们不再把酒店单纯地看作一个睡觉的地方，而是看作一个“场”，这样酒店就变成了一个场景，改造的目标就是在品质化、新奇化和兴趣化三个维度上提供以用户为核心的场景化体验。

综上所述，酒店客房的类型将不断拓展和丰富，将更好地满足客人全方位的需求。

任务二　认识客房的设施设备

任务导入

带领学生进入酒店客房内部参观。

任务分析

通过完成该项任务，学生能够了解客房的设施设备。

结合国家标准 2010 版《旅游酒店星级的划分与评定》（GB/T 14308—2010）（以下简称标准）相关要求，下面以五星级酒店为例，介绍酒店客房的设备设施。

一、酒店客房的必备项目

标准中必备项目检查表规定了各星级应具备的硬件设施和服务项目。评定检查时，逐项打“√”确认达标后，再进入后续打分程序。五星级酒店客房必备设备设施项目检查表见表 2-1。

表 2-1　五星级酒店必备项目检查表——客房

序号	项　目
3.	客房
3.1	应有至少 50 间（套）可供出租的客房
3.2	70%客房的面积（不含卫生间和门廊）应不小于 $20m^2$
3.3	应有标准间（大床房、双床房），残疾人客房，两种以上规格的套房（包括至少 4 个开间的豪华套房），套房布局合理
3.4	装修豪华，具有良好的整体氛围。应有舒适的床垫及配套用品。写字台、衣橱及衣架、茶几、座椅或沙发、床头柜、全身镜、行李架等家具配套齐全、布置合理、使用便利。所有电器开关方便客人使用。室内满铺高级地毯，或用优质木地板或其他高档材料装饰。采用区域照明，目的物照明效果良好
3.5	客房门能自动闭合，应有门窥镜、门铃及防盗装置。客房内应在显著位置张贴应急疏散图及相关说明
3.6	客房内应有装修精致的卫生间。有高级抽水恭桶、梳妆台（配备面盆、梳妆镜和必要的盥洗用品）、浴缸并带淋浴喷头（另有单独淋浴间的可以不带淋浴喷头），配有浴帘或其他有效的防溅设施。采取有效的防滑措施。采用豪华建筑材料装修地面、墙面和天花，色调高雅柔和。采用分区照明且目的物照明效果良好。有良好的、无明显噪声的排风设施，温、湿度与客房无明显差异。有 110V/220V 不间断电源插座、电话副机。配有吹风机。24h 供应冷、热水，水龙头冷热标识清晰。所有设施设备均方便客人使用
3.7	客房内应有酒店专用电话机，方便使用。可以直接拨通或使用预付费电信卡拨打国际、国内长途电话，并备有电话使用说明和所在地主要电话指南
3.8	应有彩色电视机，画面和音质优良。播放频道不少于 24 个，频道顺序有编辑，备有频道目录
3.9	应有背景音乐，音质良好，曲目适宜，音量可调
3.10	应有防噪声及隔音措施，效果良好
3.11	应有纱帘及遮光窗帘，遮光效果良好
3.12	应有至少两种规格的电源插座，电源插座应有两个以上供客人使用的插位，位置方便客人使用，并可提供插座转换器
3.13	应有与本星级相适应的文具用品。配有服务指南、住宿须知、所在地旅游景点介绍和旅游交通图等。提供与住店客人相适应的报刊
3.14	床上用棉织品（床单、枕芯、枕套、被芯、被套及床衬垫等）及卫生间针织用品（浴巾、浴衣、毛巾等）材质高档、工艺讲究、柔软舒适。可应客人要求提供多种规格的枕头
3.15	客房、卫生间应每天全面清理一次，每日或应客人要求更换床单、被套及枕套，客用品和消耗品补充齐全，并应客人要求随时进房清理
3.16	应提供互联网接入服务，并备有使用说明书，使用方便
3.17	应提供开夜床服务，夜床服务效果良好
3.18	应提供客房微型酒吧（包括小冰箱）服务，配置适量与住店客人相适应的酒和饮料，备有饮用器具和价目单。免费提供茶叶或咖啡。提供冷热饮用水，可应客人要求提供冰块

续表

序号	项　目
3.19	应提供客衣干洗、湿洗、熨烫服务，可在24h内交还客人，可提供加急服务
3.20	应提供24h送餐服务。有送餐菜单和饮料单，送餐菜式品种不少于8种，饮料品种不少于4种。甜食品种不少于4种。有可挂置门外的送餐牌，送餐车应有保温设备
3.21	应提供自动和人工叫醒、留言及语音信箱服务，服务效果良好
3.22	应提供客人在房间会客服务，应客人的要求及时提供加椅和茶水服务
3.23	客房内应备有擦鞋用具，并提供擦鞋服务

从表2-1可以看出，酒店客房设备不但要满足客人基本生活需要，还要符合环保健康的需求。

从功能上看，客房一般具备睡眠、盥洗、储存、办公、起居五大功能。因此，客房相应地分为五大功能区域，每个区域都有满足其相应功能的客房设备。

（一）睡眠空间（图2-1）

睡眠空间是客房中最基本的空间，其中最主要的家具是床和床头柜。

1. 床

弹性好，软硬适度，方便客人休息。

2. 床头柜

分为单人用床头柜和双人共用床头柜。通常放有电话、便笺纸、铅笔，有些酒店还会放上晚安卡、常用电话号码卡等。

（二）盥洗空间（图2-2）

盥洗空间即浴室，又称卫生间。

1. 浴缸

浴缸带有冷热水龙头，并装有淋浴喷头，浴缸底部采用防滑结构，豪华房间的浴缸可能装上漩涡的水疗装置。

2. 便器

分为坐式和蹲式两种，一般只装坐便器，现在很多酒店已经安装智能马桶。

3. 洗脸盆

一般镶嵌在由大理石面等铺设而成的云台里。为方便客人使用，有些酒店配备两个洗脸盆。

图2-1　睡眠空间

图2-2　盥洗空间

（三）储存空间（图 2-3）

储存空间主要是指壁橱、行李架等。

1. 壁橱

一般设在客房入口的小过道内，可采用推拉门或折叠门设计，内有随门开启而亮的照明灯，有的还设有鞋箱、保险箱，并配备熨斗熨板等。

2. 行李架

客房内都设有行李架或行李台，方便客人拿取行李。

（四）办公空间（图 2-4）

标准间的办公空间通常在床的对面，客房使用的写字台和化妆台通常合二为一，一般为木制品，装有抽屉，可放置文具等。墙面设有梳妆镜及镜灯，桌上放置台灯，方便客人使用。

图 2-3　储存空间

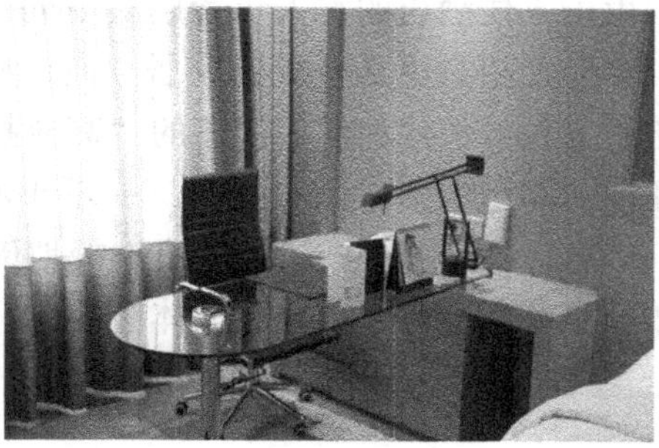

图 2-4　办公空间图

（五）起居空间（图 2-5）

起居空间通常在标准间的窗前区域，放置沙发、茶几、软座椅等，方便客人休息、会客、观看电视、饮茶、吃水果等。

客房生活设备包括电器、卫生洁具、家具、安全设备和面层装饰材料等；客房清洁设备包括扫帚、工作车等一般清洁设备；机器清洁设备包括吸尘器、洗地机、洗地毯机、打蜡机等。

图 2-5　起居空间

二、五星级酒店客房的设施设备

标准中附录 B 为设施设备的要求，总分 600 分，五星级酒店规定最低得分为 420 分。其中客房的设施设备评分总分为 191 分，详见五星级客房设施设备评分表（二维码链接 2）。

随着国际化程度越来越高，五星级酒店的外国客源越来越多，因此员工应掌握客房常用英语，便于与客人更好地沟通，更好地为客人服务，详见“酒店客房部英语大全，别再傻傻地不知所措了！”（二维码链接 3）

二维码链接 2　　二维码链接 3

三、智能化的客房设备设施

科技的进步给人们的生活带来越来越多的便捷，也带来了许多新鲜的体验。酒店自然也要跟上科技发展的脚步，诸如人工智能、人脸识别、礼宾机器人等新鲜科技纷纷抢驻酒店内。

由于入住酒店的客人年龄层次不同，对智能化产品的接受程度和体验感也有所差异。年轻人相对更喜爱智能家居，但一些中老年客人可能操作不太熟练，需要求助于酒店服务人员，比如酒店配备的“高科技全自动马桶”，有的客人使用起来并不是那么方便，功能键太多，还分性别，一不小心按错键会很尴尬，使用前还得看说明书。所以，酒店应根据客源的不同，有选择地借助智能化设备设施为客人带来更方便、快捷、高效的服务和更好、更贴心的体验。

项目二　认识客房部

项目介绍

通过学习本项目，学生能够了解酒店客房部的地位与作用，以及客房部的主要岗位及其职责，加深对于酒店客房部的认知。

任务三　认识客房部的地位和作用

任务导入

安排学生与酒店客房部管理人员交流。

任务分析

通过完成该项任务，学生能够了解客房部的地位和作用。

客房部是酒店向客人提供住宿服务的部门，是酒店的主体和存在的基础，在酒店中占有重要地位，可以说“客房是酒店的心脏”。如果一家酒店的“心脏”停止跳动，那么酒店的一切运作，包括营销、前厅、财务、工程等部门的运作，都会失去意义。客房部的地位与作用主要体现在四个方面。

一、客房是酒店的主体

酒店的基本功能是向客人提供食宿，而客房是住店客人购买的最主要的产品。在酒店的建筑面积中，客房一般占70%~80%；酒店的固定资产，大部分都在客房；酒店经营活动所必需的其他设备和物料用品，也大部分在客房。所以，客房是酒店的基本设施和存在基础。

二、客房收入是酒店收入的重要来源

酒店的收入主要来源于三部分：客房收入、餐饮收入和综合服务收入。其中，客房收入一般是酒店收入的主要来源。

《2018年第二季度全国星级酒店统计公报》显示，全国9 332家星级酒店第二季度的营业收入合计499.59亿元，同比基本持平，其中客房收入为240.95亿元，占营业收入的48.23%（见图3-1）。

客房商品的生产成本在整个酒店成本中占据较大比重，其能源（水、电）的消耗及低值易耗品、各类物料用品等日常消费较大。因此，客房部是否重视开源节流，是否加强成本管理、建立部门经济责任制，对整个酒店能否降低成本、获得良好收益起到至关重要的作用。

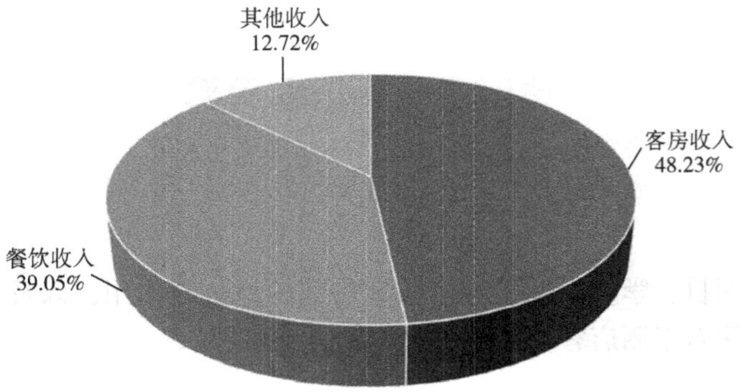

图 3-1　2018 年第二季度全国星级酒店营业收入结构

三、客房部服务质量是影响客人满意度的重要指标

酒店客房部的工作规程是最有序、最细致、最严密的，其量化指标包括工作流程、卫生检查制度、安全保障措施、员工培训流程等，其操作的标准化、制度化和程序化水平的高低，反映出一家酒店服务和管理规程的科学性和规范性。可以说，客房服务水平反映了整个酒店的服务水平，也是衡量一家酒店管理和服务质量高低的重要指标。因此，客房部服务质量的高低，直接影响客人对酒店的满意度。

二维码链接 4

最近网络流传的视频“五星级酒店里杯子的秘密”（二维码链接 4）把酒店客房的卫生问题推到了风口浪尖，视频中曝光了北京、上海、福州、贵阳、南昌共 13 家酒店的清洁人员违背流程，用脏浴巾擦拭口杯，用一块抹布擦拭地板、窗台、马桶、杯子等，引发大量关注。比如视频中提到的，北京康莱德酒店客房服务员捡起地板上的脏浴巾擦拭口杯、洗手盆与镜面；用脏抹布擦拭咖啡杯；用工作服擦拭杯具。又如，上海世贸皇家艾美酒店，用浴巾擦拭坐便器；将马桶刷和抹布放在同一个工具箱；混用抹布，既擦洗手台又擦杯具；使用同一块抹布擦杯具、洗手盆、浴室、卫生间等。各大酒店集团都有客房清洁程序与卫生标准，国家也颁布过《旅业客房杯具洗消操作规程》，但全行业几乎没有严格落实。酒店客房的卫生问题一次又一次影响到客房部服务质量，进而影响到公众对酒店服务质量的满意度。

四、客房是带动酒店一切经济活动的枢纽

酒店是为客人提供综合服务的场所，只有客房住客率较高，酒店的综合设施才能发挥更大的作用，才能带动整个酒店的经营管理。客人住进客房，要到前台办理入住手续、交房费，要到餐饮部用餐、宴请，要到商务中心进行商务活动，还要健身、购物、娱乐，因而客房服务带动了酒店各项综合服务设施的运转。

任务四　认识客房部的主要岗位和职责

任务导入

安排学生深入酒店主要岗位，对从业人员进行访谈，互相交流。

任务分析

通过完成该项任务，学生能够了解客房部的主要岗位和职责。

一、客房部的组织机构

酒店客房部组织机构的设置要考虑酒店性质、档次、客源结构和层次以及员工素质等因素。各酒店应根据酒店实际运营需要设置相应的组织机构，大中型酒店（大于300间房）的客房部岗位全、分工细（图4-1），员工人数较多；小型酒店（小于300间房）的客房部岗位则应扁平化（图4-2），一人多能，员工人数较少。客房部的组织机构没有统一的模式，应随着酒店的发展变化而及时调整。

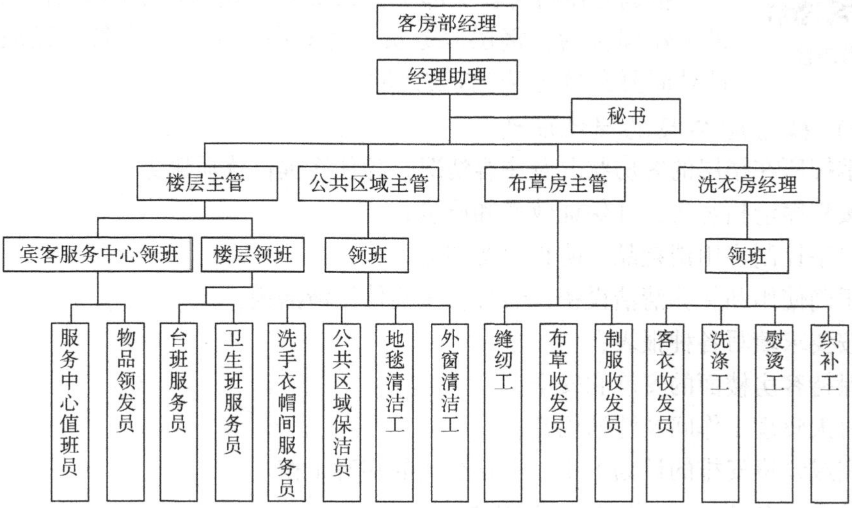

图4-1　大中型酒店客房部的组织机构设置

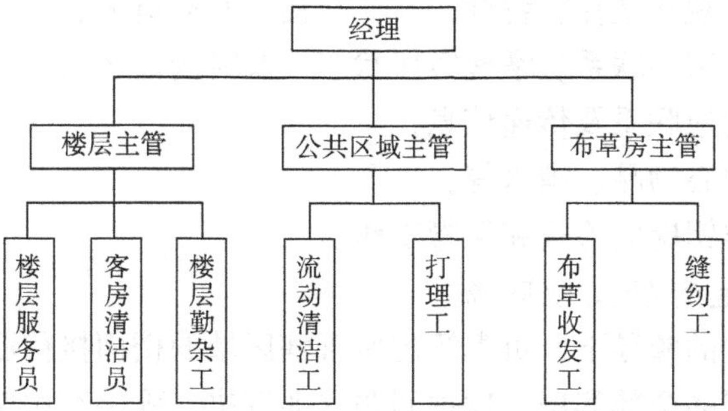

图4-2　小型酒店客房部的组织机构设置

二、客房部的主要岗位职责

客房部的主要职能是为客人提供安全、舒适、清洁、便利的居住环境和配套设施，负责酒店客房、公共场所的清洁卫生及绿化布置。

客房部的主要职责包括：

- 做好酒店的清洁卫生，为客人提供干净、舒适的居住环境。
- 做好客房的各项接待服务工作，满足客人的各项服务需求。
- 做好部门的各项安全工作，保障客人的人身、财产及酒店的财产安全。
- 完成各项经济指标，做好节能工作，降低客房费用，确保客房正常运转。
- 做好部门培训工作，不断提高部门人员的整体素质。
- 协调与酒店其他部门的关系，保证客房部的各项工作顺利完成。
- 做好客房的维修、保养工作，配合工程、前厅部工作，提高客房利用率。
- 做好酒店员工制服及住客衣物的洗涤工作，保障客房布草的使用需求。

二维码链接 5

客房部的主要岗位包括客房部办公室、客房服务中心、客房楼层、公共区域、布件房和洗衣房等。每个岗位的主要职责可以参考“三亚国光豪生酒店客房部岗位职责”（二维码链接 5）。

根据对在酒店客房部工作的实习生及毕业生的调研，他们主要的工作岗位为：楼层服务员、房务中心文员、主管、经理。因此，此处简要介绍这四个岗位的职责。

（一）楼层服务员的岗位职责

- 掌握所在楼层的客房状况及住客情况，为住客提供优质服务；
- 按程序清扫客房，并保证效率和质量；
- 严格控制客用消耗品，防止浪费和流失；
- 正确使用和保养清洁设备、器具，正确使用清洁剂；
- 按要求填写各种报表；
- 保持客房楼面的安静和安全；
- 每天整理工作间及清洁用具；
- 完成领班安排的计划卫生，主管交代的临时工作。

（二）房务中心文员的岗位职责

- 在经理、领班的领导下，具体负责客房中心值班工作；
- 接听电话，礼貌答复住客咨询，并通知楼层服务员为客人提供相关服务；
- 与各楼层保持密切联系，掌握客房状态，及时沟通客房信息；
- 与其他部门沟通联系及传递信息；
- 管理好客房中心物品、酒水等；
- 做好客房各类钥匙的检查和保管工作。

（三）客房部主管的岗位职责

- 在客房部经理的领导下，负责管理所管辖区域的楼面接待服务工作；
- 检查所辖楼层的全部客房，发现问题立即解决，确保客房服务质量；

- 检查服务员的仪容仪表和行为，确保酒店规章制度得以执行落实，对不符合酒店规定的事情及时处理和向上级报告；
- 掌握楼层客房出租情况，合理安排员工，做好对所属员工的日常评估考核；
- 每日检查客房酒吧饮料的消耗、补充和报账情况；
- 掌握楼层物品领用消耗情况；
- 保管好服务用品及器具，安排并检查楼层公共区域的清洁。

（四）客房部经理的岗位职责

客房部经理全权负责客房部的运行与管理，负责计划、组织、指挥及控制所有房务事宜，督导下层管理人员的日常工作，确保为住店客人提供热情、周到、舒适、方便、卫生、快捷、安全的客房服务。

客房部经理的主要职责及工作内容如下：

- 监督、指导、协调全部房务工作，为住客提供规范化、程序化、制度化的优质服务；
- 负责客房的清洁维修、保养；
- 保证客房和公共区域达到卫生标准，确保服务优质、设备完好；
- 管理好客房消耗品，制定房务预算，控制房务支出，并做好客房成本核算与成本控制等工作；
- 制定人员编制、员工培训、工作计划，合理分配及调度人力；
- 检查员工的礼节礼貌、仪容仪表、劳动态度和工作效率；
- 与前台做好协调，控制好房态，提高客房利用率和对客户的服务质量；
- 与工程部做好协调，做好客房设施设备的维修、保养和管理工作；
- 检查楼层的消防、安全工作，并与保安部紧密协作，确保客人的人身及财产安全；
- 拟定、上报客房部年度工作计划与安排；
- 建立客房部工作的完整档案体系；
- 任免、培训、考核、奖惩客房部主管及领班；
- 按时参加酒店例会，传达落实会议决议、决定，及时向总经理、分管副总汇报，主持每周部门例会；
- 处理投诉，发展同住店客人的友好关系；
- 检查 VIP 房，使之达到酒店要求的标准；
- 落实三级查房制度，每天按客房出租率抽查空房。

以上仅仅是对酒店客房部主要岗位职责的简要介绍，每个酒店都会制定 sop 来规范各部门各岗位的工作流程和标准，使员工各尽其职、分工明确，高效地完成各项任务，保证酒店的正常运转。

项目三 认识客房人

项目介绍

通过学习本项目，学生能够了解酒店客房人应具备的素质及能力，对于酒店客房人有所认知。

采访客房嘉宾

任务五 认识客房人的素质及能力要求

任务导入

安排学生与酒店管理人员进行交流和座谈。

任务分析

通过完成该项任务，学生能够了解客房人应具备的素质及能力。

酒店客房部员工的劳动强度大，工作内容繁杂，工作范围广泛，与其他部门联系密切。酒店客房部员工的制服不漂亮，没有太多机会接触到客人，他们是默默的奉献者，是幕后英雄，但在酒店运转中起着至关重要的作用，是值得关注的团队。下面我们就来介绍怎样的人才能承担如此重要的任务。

一、酒店客房人的素质要求

（一）吃苦耐劳，踏实肯干

客房服务工作劳动强度大，与客人直接打交道的机会少，这就要求客房部员工要有踏实肯干和吃苦耐劳的精神。每天要做大量琐碎的工作，要具有良好的心理素质，以高度的责任感完成自己的工作，保证客房能够达到舒适整洁的标准。

（二）身心健康，诚信自律

客房服务工作内容相对繁杂，体力消耗大，客人要求较高。因此，要求客房部员工身体健康，精力充沛，动手能力强，工作效率高。

客房服务工作一般都是由客房服务员独立完成，需要较高的自觉性。工作态度要端正，并自觉遵守酒店相关规定，不可借整理房间之名，随意乱翻客人的抽屉、衣橱；不可在客人的房间看电视；不可用客房的卫生间洗澡；不可拿取客人的食品品尝等，一定要诚信自律。

（三）主动服从，团队合作

客房服务工作要求客房部员工主动承担责任，比如旺季时能够主动加班，服从大局，不为自己找借口或理由。在酒店实际工作中，客房部经理、领班、房务中心文员在旺季时都会到楼层帮忙撵房，保证客房的周转和利用率。客房部很多工作不是一个人能够完成的，每个人的工作效率也有所差异，这就需要客房部员工善于合作，共同努力营造一个和睦相处、分工明确、配合默契、心境愉快的工作环境，从而提高效率，更好地完成各项工作。

（四）提升自我，持续发展

随着智能化的不断发展，酒店客房部员工应具备主动学习的意识，不断提升自我，尤其是年纪较长的员工更应加强学习，比如学习手机软件的使用，以适应现代化办公的需要。同时，国外客人不断增加，因此平时要加强外语的学习，以便于更好地与客人沟通交流，为客人提供优质高效的服务。

尽管客房部员工直接对客服务的机会相对较少，但仍需保持良好的仪容仪表，注重与客人交往时的礼貌礼仪，适当强化外语水平，为客人提供更优质高效的服务。

二、酒店客房人的能力要求

（一）业务精湛，技能熟练

酒店客房部员工应熟练掌握业务知识和专业技能。业务知识过关，操作技能熟练，才能更好、更自信地服务客人，提升客人的满意度。同时，还要不断丰富和拓展技能，为客人提供个性化的服务，比如利用酒店的毛巾为客人折叠出不同形状的小动物放在床上，为客人带来不一样的住宿体验，提升客人的忠诚度，为酒店带来更多的回头客，提高酒店收益。

（二）观察细致，关注细节

酒店客房部员工要有敏锐的观察力。仔细观察细节，发觉客人的偏好，发现客人的异常等，提供个性化的服务。比如，清扫房间时发现客人放在桌上的感冒药，为客人留下关心的话语，并在客人回来时送上一份特制的姜汤。再如，清扫房间时发现客人桌上放着本地旅游图，为客人手绘一张旅游图，推荐本地主要的旅游景点及其参观攻略，推荐本地特色美食、购物及娱乐场所等，为客人带来更多的方便。

（三）灵活应变，提高效率

酒店客房部员工要有较强的应变能力。当酒店的规定与客人的实际需求发生冲突时，能够灵活应变，及时满足客人要求。比如，客房配备的免费矿泉水标准为 2 瓶/日，如果遇到客人生病或者天气特别炎热等特殊情况，可积极主动为客人增加配备量，服务于客人开口之前。

同时，客房部员工在工作时也要具备时间管理能力，在同时面临多项任务时能够分清轻重缓急，按照重要程度及紧急程度开展工作，提高工作效率。比如旺季时，一方面前台不断电话催促撵房，另一方面多个客人同时要求借用物品或者维修服务，客房服务员无法分身，又不能对客人的要求置之不理引起客人投诉。因此，客房服务工作并不是打扫客房那么简单。

（四）积极创新，个性化服务

当前，酒店的数量和类型不断增加，竞争日益激烈。酒店客房部员工不应只是机械地清扫房间而已，还需要具备创新意识，能够设计并提供个性化的客房产品来满足不同类型客人的需要。比如，为 VIP 客人设计专属的客用品，绣上客人的名字；根据客人的喜好为客人设计主题客房或提供个性化的开夜床服务等，为客人带来惊喜，不断提升客人的满意度和忠诚度。

随着智能化的发展，无人酒店陆续出现，酒店中没有任何人操作，没有大堂、没有经理，甚至连打扫卫生的人员都没有，全程由机器人打理。比如在海底捞打工的送餐机器人、捡菜员（机械臂）等，这听起来很酷也很残酷，类似于“机器人即将取代人类”这样的话题又再次登上热榜。

据《华尔街日报》（*Wall Street Journal*）报道，日本长崎的 Henn na 酒店，在员工和客人多次抱怨之后，目前已淘汰了 243 台机器人中的一半以上，原因很简单：它们制造的问题比能解决的问题还多，不仅不能帮酒店的人类员工分担工作，反过来还需要人类帮助。所以，未来的客房服务工作仍然需要有创意的人工服务。

二维码链接 6

每个从事酒店客房部工作的人都有自己的从业故事和心得，下面以广州富力丽思卡尔顿酒店客房部楼层主管为例，听他是如何倾听客房人的心声，感受客房“职业的艺术”（二维码链接 6）。

最后引用重庆万豪酒店国际客房周活动的结束语来感谢被称为“待客师”的客房人：

感谢每一个房间，每一个角落都有你们忙碌的身影；

感谢你们让客人享受如此干净舒适的环境；

酒店里扑鼻的芳香、洁净的大堂、整洁的客房、整齐划一的制服都归功于你们；

精彩因你，感谢有你。

课后习题

一、填空题（根据英文名称写出对应的中文）

酒店客房的类型包括：________________（Single Room）、________________（Double Room）、________________（Twin Room）、________________（Presidential Suite）等。

二、简答题

请根据自己的理解谈一谈客房人应具备的素质与能力。

三、实操题

以小组为单位，实地参观酒店客房，与酒店客房部从业人员沟通交流，体验客房部工作，总结对酒店客房、客房部及客房人的认知，最终形成总结 PPT 上交并演讲。

四、案例分析

某日，客房服务员小张打扫到 2019 房间时，发现 2020 房间客人 Lucy 女士穿着睡衣在走廊，好像在找什么。小张主动迎上去，细心的她发现 Lucy 女士新睡衣的吊牌露在外面。于是她用动作示意客人是否需要把睡衣吊牌剪掉，得到了客人肯定的答复后，她便帮助客人拆吊牌，但吊牌太牢固，需要用剪刀。她想到让客人穿着睡衣待在走廊里等很不礼貌，就努力回想酒店定期英语培训中学到的对客英语，主动大胆地跟客人说："Please wait for a moment in your room, I' ll be back as soon as possible"，请客人在房间里等候，客人欣然接受。取来剪刀后，她敲门进屋仔细为客人剪下了吊牌，Lucy女士表达了真诚的谢意。

这时小张发现客人的房间比较脏乱，为避免重复打扰客人，她立刻询问客人是否需要打扫房间，客人请她清扫。在认真清扫的过程中，她尽力不打扰客人，一一满足客人对物品摆放和卫生细节的要求，她和客人之间用微笑进行了无声的交流和问候。

清扫结束时，小张希望得到Lucy女士对酒店服务的意见，就勇敢地尝试与客人沟通："May I have your advice about our service?"客人欣然接受，写下了这样的评语："The staff, especially Xiaozhang, are so helpful. She's so polite and kind, and helps with all of my needs. She's a good employee and now I'm a happy guest."客人感受到了她的礼貌和善解人意，也对酒店员工的优质服务给予了肯定。

案例评析：

1. 客房服务员小张具有很强的观察能力，能够细心地发现客人睡衣商标露在外面的小问题，积极主动帮助客人，并且考虑周到，让客人回到自己的房间等候，处处为客人着想。

2. 客房服务员小张能够认真参加英语培训，并将所学到的英语知识应用到真实的工作环境中，勇敢地与外国客人交流，并且进行了有效的沟通。

3. 客房服务员小张注重客房服务礼仪，清扫房间时遵循了"不打扰客人"的原则，并且善于与客人沟通，能够了解客人的需求并一一满足，得到了客人的认可。

4. 客房服务员小张是个有心人，份内工作结束后能够主动征求客人对酒店服务的反馈意见，既了解了自己的表现，也为酒店进一步提升服务质量奠定了基础。

模块二　客房服务

模块综述

通过学习本模块，学生能够熟悉从客人到达前准备到客人离店送别的全过程中如何为客人提供优质高效的客房服务。

项目四　准备服务工作

项目介绍

通过学习本项目，学生能够了解在客人住店之前应做好的准备工作，包括为客人布置个性化客房、准备工作车等。

任务六　布置客房

任务导入

安排学生进入酒店客房部进行短期实践，跟着师傅体验楼层服务工作。酒店即将迎来不同类型的客人入住，学生跟着师傅正在为客人们布置客房。

任务分析

通过完成该项任务，学生能够根据酒店客人的类型和客人的喜好布置客房。

一、客人的主要类型

（一）商务会议型客人

商务会议型客人一般都有紧张的旅途、繁忙的工作，承受更多的压力和工作负担，他们喜欢稳重、典雅的房间布置，更倾向于接受个性化服务，更希望受到别人的尊重。商务女性则会对酒店提出更高的要求，更强调环境的安全性、舒适性。比如，目前很多酒店推出的女士楼层就受到了女性商务客人的喜爱。

（二）旅游观光型客人

旅游观光型客人早出晚归，在酒店停留的时间并不长，对客房最大的要求就是有张舒服的床，干净舒适的环境，能够在旅途劳累之后好好地睡上一觉。同时，期待酒店客房的布置能够体现出当地的特色，能够提供更多当地旅游信息的介绍资料。

（三）家庭度假型客人

家庭度假型客人选择酒店是由于旅游、休养、度假、运动等目的，客人在酒店停留的时间较长，对酒店娱乐的设施需求较高，喜欢房间布置有家庭氛围，希望酒店能提供家庭式服务，轻松愉快地享受假期。尤其是针对举家出游的客人，在房间的布置上更应注重满足一家人的需求。现在很多酒店推出的家庭房就很受客人的欢迎。

（四）新婚蜜月型客人

新婚蜜月型客人非常注重主观的体验和感受，凡事都图个舒服、顺心、吉利。客人对酒店客房的氛围要求较高，期待能够有一些个性化的服务，为他们留下美好深刻的记忆。

二、不同类型客房的布置

客房是客人在酒店内停留最久的空间。在客房的设计中，为体现心灵休息之所的理念，客房服务人员要根据客人的不同类型布置不同的个性化客房，营造个性化的休息空间。

（一）商务会议房（图 6-1）

对于商务会议型客人的客房，可增添办公设备，提供免费 Wi-Fi，改善办公条件。为客人放置缓解压力的按摩用具、绿色植物，在写字台上放置具有酒店特色的创意办公用品等，让客人回到房间后能够得到放松。

（二）旅游观光房（图 6-2）

对于旅游观光型客人的客房，可安排海景房等风景优美的房间，放置介当地美食、住宿、交通、旅游、购物、娱乐等的资料。如果跟客人有机会交流，了解客人的需求，还可以有针对性地为客人手绘旅游图，设计旅游线路等，从而更好地满足客人游览及休闲的需求。同时，可以为客人设计具有酒店特色及当地特色的旅游纪念品，为客人留下美好的回忆。

图 6-1 商务会议房

图 6-2 旅游观光房

（三）家庭度假房（图 6-3）

对于家庭度假型客人的客房，尤其是带小孩的家庭，可以采用卡通动漫元素布置房间，或在房间内放置小帐篷，设计卡通的酒店用品，比如漱口杯、毛巾类用品、床上用品等，更好地满足小孩子的需求。在客房的布置上更多营造家的氛围，让客人感受到舒适、方便和温暖。

全球有很多的主题酒店，以人气卡通为主题的酒店（二维码链接 7）大致有以下三类。

二维码链接 7

1. 动漫卡通主题单体酒店

例如，最新开业的史努比酒店（图 6-4）。虽然这种类型的酒店并不多，但对于特定的粉丝仍具有一定的吸引力。

图 6-3　家庭度假房

图 6-4　史努比主题客房

2. 以主题公园为依托的动漫卡通主题酒店

比如，迪士尼主题酒店（图 6-5）、环球影城（小黄人 Minions）、乐高（图 6-6）、HelloKitty 之类，在全球有许多家。

图 6-5　迪士尼主题酒店

图 6-6　乐高主题酒店

3. 动漫卡通形象授权的跨界合作

这种类型的酒店就是在原先清一色风格的酒店客房内，增设特色主题客房，如 Line Friends、哥斯拉、芭比娃娃、几米（图 6-7）等，因为 IP 丰富多样，所以非常新颖，也特别吸睛。

（四）新婚蜜月房（图 6-8）

对于新婚蜜月型客人的客房，从房间的安排上就要有所考虑，如尽量安排 520、

1314 或者带有 9 的房间号，寓意“我爱你”“一生一世”“长长久久”等；在房间的布置上可以选择传统红色等暖色系，用玫瑰花做装饰，床的形状可以设计为圆形或者心形，所配备的用品都是情侣型，寓意成双成对。也可为客人设计有纪念意义的新婚蜜月礼物，为客人制造惊喜瞬间等。

图 6-7　几米绘本主题客房

图 6-8　新婚蜜月房

此外，酒店还可以根据运营需要，有意识地设计主题客房，以体现本酒店特色，为客人提供多元化、个性化的选择。目前，为了满足客人个性化的需求，很多酒店不仅仅拥有主题客房，还设计主题酒店。比如，韩国的监狱酒店就深受客人欢迎。

韩国监狱酒店位于韩国首尔郊区的一片大草地上，名字叫作 Prison inside me 。与普通酒店不同，它不以豪华、舒适为主，这里的一切更接近普通监狱。一切电子设备与私人物品都不允许带进酒店，客人们被要求在酒店统一换上“囚服”。房间设施由酒店严格把控，除了一窗一几之外，就留一个小本、一支笔、一套茶具、一个电热水壶、一个洗脸盆、一只马桶、一张瑜伽垫，连床都没有。每个房间大约为 5 平方米，一共 28 间“牢房”。酒店内部的装潢也极其简单，一色的白墙铁门，无时无刻不在提醒着客人：这里是“监狱”。

酒店老板 Kwon 曾是一名检察官，特殊的工作性质、长时间的工作让他的生活既焦虑又压抑。他甚至想过通过自己的工作关系去监狱住一段时间。经过一段时间的心态调整，他最终开办了这家监狱酒店，让自己逃离焦虑生活的同时，也帮助更多人获得心灵上的自由。监狱酒店一晚的价格约为 90 美元，28 间客房常常出现“一房难求”的情况。

任务七　准备工作车

任务导入

安排学生进入酒店客房部进行短期实践，跟着师傅体验楼层服务工作。学生跟着师傅在工作间内布置工作车。

任务分析

通过完成该项任务，学生能够明确工作车上物品的分类及数量。

工作车（图 7-1）是客房清洁工清理房间最重要的工具。它是供清洁整理客房用的，有三层或四层大小不同的规格。一般为一面开口，以供放取物品。在开始清洁客房前，应按要求把工作车布置好。工作车不仅减轻了劳动强度，也是一种服务的标志。

客房工作车的准备可以分为六个步骤。

微课 2：
准备工作车

一、检查工作车

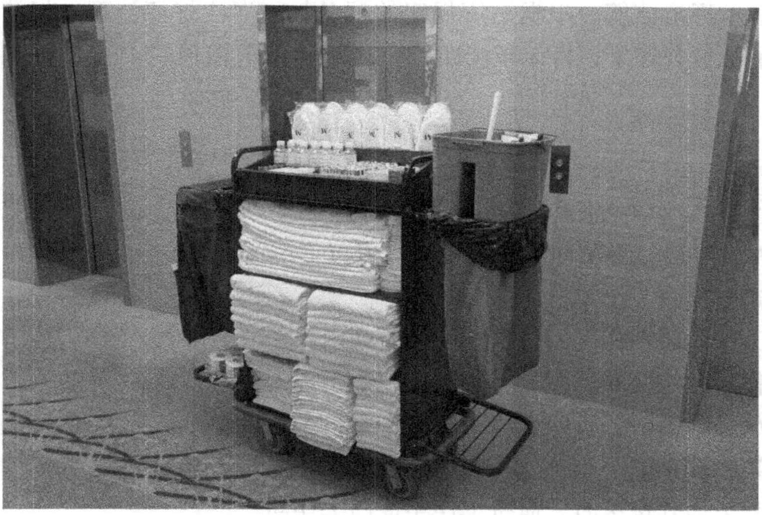

图 7-1　客房工作车

首先检查工作车有无破损，推动是否顺畅。发现问题，及时通知维修。用半湿抹布将工作车表层、车身、内格全部擦拭一遍。

准备工作车

二、补充布草

按照酒店规定的布草配备数量标准，从布草柜中取出床单折叠成小块放入底层最里面一排；取出被套放在最底层的外面一排，即床单的外侧；取出浴巾折叠好后放进中间层的内侧；取出毛巾折叠好，放在中间层的右边；取出地巾放入工作车最上层的左手边；取出枕套，每 2 个叠成一方块，放在最上层中间。当然，每个酒店客房数量、工作车类型可能不同，所需布草的种类和数量也会有所差异，因此根据酒店实际工作需要来补充布草即可。

三、补充易耗品

按照酒店规定的配备数量标准，取出纸杯、杯垫及各类提示牌等物品放置于最上层右手边；补充卷纸、垃圾袋等；注意工作车表层不放置任何一次性用品。如上所述，每个酒店客房数量不同，配备标准不同，因此根据酒店实际工作需要来补充易耗品即可。

四、套垃圾袋

根据酒店规定，在工作车左侧或右侧的大袋子上套黑色垃圾袋。

五、清洁清洁篮

戴上手套整理清洁篮。根据酒店规定的配备量，灌注好清洁剂；将清洁篮中物品拿出，冲洗清洁篮并抹干；将抹布洗净拧干；重新将清洁篮物品按标准摆放整齐，晾好抹布。

六、规范用车

工作车布置好后要规范使用，一定要注意以下事项：

（1）一定要用双手推车；

（2）将工作车堵在房间门口时，开口要朝内；

（3）工作车一定要靠墙停放，留出空间便于客人行走；

（4）摆放易耗品时，将印有酒店 logo 图案的一面朝上，摆放方向一致；

（5）严禁将撤出的脏布草放在客用品上；

（6）服务员离开楼层时，需将工作车推回工作间。

项目五　提供服务工作

项目介绍

通过学习本项目，学生能够了解在客人住店期间应如何为客人提供客房服务工作，包括清扫住客房、收送洗衣、递送借用物品、处理突发事件、提供夜床服务。

任务八　清扫住客房

任务导入

安排学生进入酒店客房部进行短期实践，跟着师傅体验楼层服务工作。1818 房间的李先生外出前打电话说一会儿有朋友来访，但是房间比较乱，要求立即清扫房间。学生跟着师傅来到 1818 房间准备清扫。

清扫住客房

任务分析

通过完成该项任务，学生能够掌握清扫住客房的程序和方法。

一、住客房的清扫

住客房清扫程序可以用九个字来概括："进""撤""铺""洗""抹""补""吸""检""登"，具体内容如下。

（一）进

➢ 敲门时，手指微微弯曲，以中指或食指第二关节部位敲门，一次敲 3 下（一长两短），并通报"客房服务员（或 Housekeeping）"，等待客人反应。

➢ 如果听到客人回应，客房服务员应说："客房服务员，请问现在能为您清洁房间吗？"并等客人开门；如果房内无回应，敲门两次后方可用钥匙开门。第一次敲门与第二次敲门间隔时间约为 5 秒。客房服务员身体与门的距离约为 30 厘米。

➢ 开门时，客房服务员手持房卡，插进钥匙孔，停留约 1 秒，拔出房卡，门锁显示绿灯亮，向下转动门把手，把门轻轻推开至 1/2 处，再次通报，并注意观察，确定房间是否有人或有什么特殊情况。确认房中无人后再进入客房。

➢ 进入房间后，用双手拉开窗帘、窗纱，同时检查窗帘轨道及挂钩是否完好，并打开窗户通风换气。

（二）撤

➢ 清除房间的垃圾，注意检查柜底、床底及房间角落等是否有杂物。

➢ 撤掉用过的杯具、加床或餐具。

➢将用过的床单撤走，床单要一件一件地撤，仔细检查是否夹带有客人物品，然后卷好后放入清洁车一端的布草袋里。

（三）铺

在铺床之前我们要准备好中式铺床所需的备品：床单、被套、被子、枕芯和枕套。按要求将所有的备品叠好备用。在操作过程中一定注意安全，做到“四不准”：手不准撑床；腿不准跪床；不准绕床头；不准跑动。

微课3：中式铺床

中式铺床

准备工作做好后开始铺床，分为以下五个步骤：

1. 拉床整理（图8-1）

首先我们把床拉出床头板约50厘米；整理床垫，做到“三无”：无毛发、无污渍、无破损。

2. 铺床单（图8-2）

站在床尾，把床单打开，正面朝上，一只手抓住床单尾部，另一只手将床单甩过床头，找到床单中线，对准床垫正中，手臂扬起过肩，用力将床单甩出去（图8-3），使空气充到床尾，用适当的力度将床单全部打开；从右边床头开始依次进行包角（图8-4），内角45度，外角90度，包角紧密平整，式样统一；铺好床单后，将床复位。

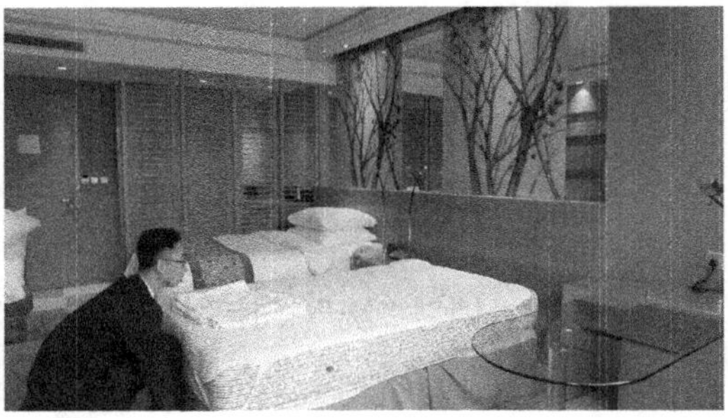

图8-1　拉床整理

图8-2　铺床单

图8-3　甩单

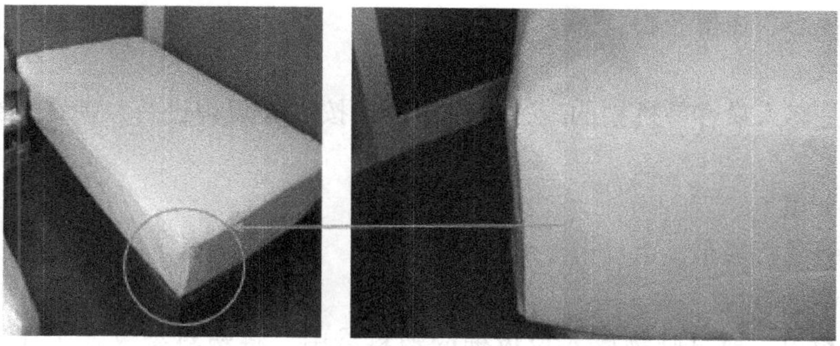

图 8-4 包角

3. 套枕套（图 8-5）

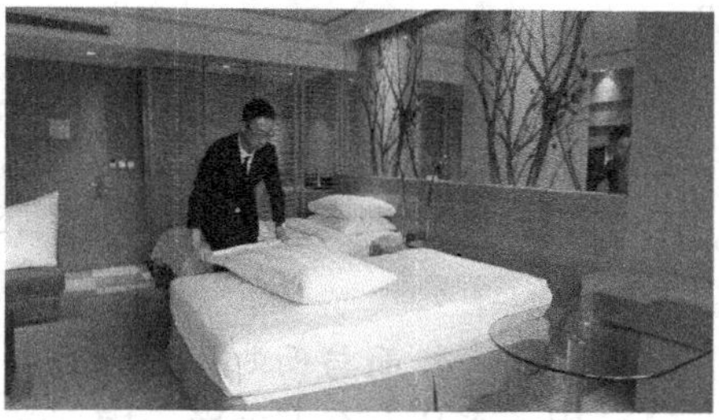

图 8-5 套枕套

先将枕套平放在床面上，找到枕套开口打开充气；用左手手肘将枕芯中间压住，右手拿住枕芯的1/3处放进枕套内将枕套套好，四角到位，饱满挺括，表面平整；套好后将枕头放到一边备用。

4. 套被套（图 8-6）

首先把被套打开，找到被套口，充好气；将折好的被子放到被套中，分清方向，双手抓住两个被角向被套顶部两个角伸进；先把左边被角对齐左边被套角，然后把右边被角对齐套住，顺着被子边与被套边拉下，让被子尽量与被套符合，把套好的被子放到床上，要求不能有皱褶，将床头一侧被子向外翻折约30厘米，尾部自然下垂。然后将套好的枕头放在床头正中间，枕头边与床头平行。

5. 全面整理

最后将整个床面进行简单的整理，做到三线对齐，平整美观（图 8-7）。

图 8-6 套被套

图 8-7 铺好的床

床铺好以后，应该先打扫卫生间，以便留一定的时间，等因铺床而扬起的灰尘落下后，再用抹布除尘。值得一提的是，如果住店客人要求更换床上用品时，一定要严格按照酒店要求进行更换，千万不要出现网上报道的负面消息“五星级酒店，你为什么不换床单?”（二维码链接 8）的现象，为客人营造安全卫生的居住空间，

二维码链接 8

让客人住得放心、住得开心。

（四）洗

卫生间是客人最容易挑剔的地方，必须严格按操作规程进行，使之达到规定的卫生标准。

1. 准备用具

带好小垫毯、擦布、工具箱等清洁用具。

2. 清除脏物

撤掉脏布巾，所有脏物放入垃圾桶的塑料袋中，将塑料袋放入工作车的垃圾袋中；可再利用物品，如肥皂头等集中放在工具箱内。使用专用清洁剂擦洗面池、大理石台面或水龙头等金属器件，并用水冲净；面盆塞与溢水口也要清洁；不能有毛发。

3. 清洗淋浴区

使用专用工具清洁淋浴区墙面、水龙头、淋浴蓬头、防滑垫等，清洗完后放水冲洗。用专用的马桶刷子清洗恭桶，蘸着清洁剂擦洗马桶内壁、出水孔及底部，并放水冲净。

4. 擦拭干净镜面与面池

（1）用干布从上至下擦净、擦亮镜子。千万不能用毛巾当抹布。

（2）用干布擦拭毛巾架的表面，确定表面无污迹水迹，必要时可用抛光剂，以免损坏电镀表面。

（3）用布擦干、擦亮脸盆、两侧墙砖、不锈钢器皿。

5. 擦干淋浴区与恭桶

（1）用干净抹布擦干淋浴区墙面、水龙头、淋浴蓬头等；擦干地面和防滑垫上的水迹。

（2）用恭桶布将马桶外壁、盖板、垫圈、底座及水箱等消毒擦净。用百洁布擦恭桶后面墙面及地面并擦干。擦净卫生纸架，并顺手整理卫生纸。

6. 清洁浴室门

从上至下擦拭门的正反两面、门框、门顶和上部凹槽。

7. 清洁墙面、排风口和地面

开启排风口，擦净；用湿布蘸少量的清洁剂从上至下、从里至外清洁墙面和地面并擦干。

（五）抹

- 从门外开始抹起至门、门的内外，并注意门把手和门后的安全图的抹拭。
- 按顺（或逆）时针方向，从上到下，把房间的家具、物品抹一遍，并要注意家具的底部及边角位均要抹到。

（六）补

- 补充卫生间内的用品，按统一要求整齐摆放。
- 面巾纸、卷纸要折角，既美观又方便客人使用。
- “三巾”（面巾、方巾、浴巾）按规定位置摆放整齐。
- 补充房内物品，均需按酒店要求规格摆放整齐。

- 补充杯具。

房间物品补充要根据酒店规定的品种、数量及摆放要求补充、补足、放好。注意商标要面向客人。

（七）吸

先把吸尘器电线理顺，插上电源，把吸尘器拿进房间再开机。

- 先从窗口吸起（有阳台的房间从阳台吸起）。
- 吸地毯时要先逆纹，后顺纹方向推把。
- 吸边角位时，有家具阻挡的地方，先移动家具，吸尘后复位。
- 吸卫生间地板。要注意转换拖把的功能，使其适宜硬地板，地板有水的地方不能吸，防止漏电和发生意外。吸尘时要注意把藏在地板缝隙里的头发吸走。

（八）检

检就是自我检查。房间清扫完毕，客房服务员应环顾一下房间，看清扫得是否干净，物品是否齐全，摆放是否符合要求。最后，还须检查窗帘、窗纱是否拉上，窗户是否关上。

（九）登（灯）

- 将房内的灯全部关掉。
- 将房门轻轻关上。
- 登记进、离房的时间和做房的内容。

二、清扫住客房的注意事项

清扫住客房，有以下注意事项：

（1）不得随意挪动客人物品；对客人笔记本、文件、报纸、杂志、影集、药品等稍加整理，不准翻看。

（2）客人未饮完的饮料和茶，暂不要清洗与调换，可另外补一个干净的纸杯。

（3）客人原来开的灯、空调位置不要改变，但需检查。

（4）清洁住客房时，不得接听房内电话。

（5）如客人在房间要向客人表示歉意。打扫结束应征询客人意见并道别：“房间已经整理好了，请问还有什么可以帮您？”

（6）发现住客生病或饮酒过量或有设备损坏时，要及时通知客房主管。

（7）房间有贵重物品或大量现金等，必须立即退出通知主管，主管及时与客人联系。如房间有大量衣物行李不宜整理，就留言说明，“因不便挪动您的物品，故暂时没有整理，如有需要请致电前台。”

清扫住客房时，客房服务员就像“幕后魔术师”一样，借助神奇的双手和道具，挥动“魔法棒”，让客人见证一个又一个的奇迹，带给客人一份又一份的惊喜，甚至是感动。客房人正是通过默默无闻的付出，创造出“会说话的房间”，与客人默契地沟通与交流。欣赏着自己的作品，获得客人的认可，服务员的成就感和自豪感油然而生，而这正是客房服务的魅力所在。

任务九　收送客人洗衣

任务导入

安排学生进入酒店客房部进行短期实践，跟着师傅体验楼层服务工作。1819 房间的王先生打电话来说有衣服要洗，而且比较着急。学生跟着师傅来到 1819 房间收取洗衣，洗好后再将衣服送还客人。

任务分析

通过完成该项任务，学生能够掌握为客人收送洗衣的程序。

一、洗衣服务

（一）收取客衣

接到客房服务中心收取客人洗衣的通知后，及时赶到客人房间；按规定程序敲门进入客房；礼貌地向客人问好，了解清楚客人的洗涤要求，并在洗衣单上注明。

在收取客衣过程中，应当面点清客人需洗衣物的数量，及衣物有无破损、脱色、污渍，并征询客人衣物适用何种洗法（干、温洗），请客人在洗衣单上签字注明房号和需特殊处理的衣物。若收取衣服时客人不在房内时，应检查衣物是否有遗留物及破损，并在洗衣单上填清实收数量并注明。

收取客人洗衣

如客人未填写洗衣单，将洗衣单放在洗衣袋中，不要收洗，留下服务通知单，提醒客人如果需要洗衣服务，请与房务中心通知收取。挂在门口的洗衣单要填写房号。

（二）检查登记

服务中心对送洗的衣服逐一进行清点登记，注明各房间衣物颜色和特征，及衣物是否破损，如有洗涤部收件时应说明协助缝补。

交洗的客衣应检查是否有破损或遗留在袋内的物品；要与洗衣单所填写客人姓名、房号、件数、日期、时间进行核对，并做好登记；集中放在指定地点，在规定时间点交给洗衣房；快洗或有特殊洗涤要求的衣物要在洗衣单上做好标记，与洗衣房交代清楚。

（三）送还洗衣

洗衣房送回的洗衣应与登记簿仔细核对，点清件数；交洗的客衣如有损缺或客人投诉，查明情况，妥善处理。

当日收取的衣物在次日 12 时前送回，如是急件应在洗衣单上注明送回时间。

送回洗衣时，客房服务员应按程序进房，见到客人应说："先生/女士，您好！您的衣服洗好了，请查收。"双手递送客衣并请客人当面清点检查清楚。离开客人房间时应说："打扰您啦，再见。"

衣服送回时如客人不在房内，应将衣物放于客人床头上。如房门挂有“请勿打扰”，应先写上字条，从门缝下放入房内，告诉客人衣物已洗回，先存放于服务台，如客人需要可马上送回，并留下服务台电话。

二、收送洗衣的注意事项

一是在处理客人对洗衣服务的投诉处理过程中，要重视客人的需求，以免客人因对洗衣的不满造成客户的流失。

二是客衣的收取和送还都必须有客人的签字确认，不要随便为客人拿主意，并做相应的记录。

三是要尤其注意快洗衣服的时间，不要因时间的延误造成客人的不便。

洗衣服务是客房部经常提供的对客服务项目之一，如果处理不好，引起客人投诉（详见本模块课后习题中的案例分析），会给酒店带来不良的影响和损失。因此，客房服务人员应认真对待此项服务。

任务十　递送借用物品

任务导入

安排学生进入酒店客房部进行短期实践，跟着师傅体验楼层服务工作。1820 房间的赵女士打电话来说，想借用一个 3 米长的插线板。学生跟着师傅马上赶到 1820 房间。

任务分析

通过完成该项任务，学生能够掌握为客人递送租借物品的程序。

酒店不同，客人不同，所借用的物品也会有所差异。一般来说，借用物品主要包括：吹风机、变压器、熨斗、熨斗板、接线板、万能插头、婴儿床、热水袋、指甲刀、尺、剪刀、订书机、涂改液、胶水、胶带、橡皮、复写纸等。

一、接到客人借物要求

使用标准敬语；热情、主动、礼貌；接到客人借用物品通知后，进行记录；确认客人的借物需求。

递送客人借用物品

二、填写物品借用单

在借用物品时，要根据所借物品的性能认真进行检查，保证所借物品运转正常。目前为了简化工作流程，也体现对客人的信任，很多酒店在实际工作中已经不填写物品借用单。

三、将物品与单据送至客房

将借用物品单和所借物品一同放入托盘并送至房间（标准 5 分钟）；按规定程序敲门入房，双手递送客人租借物品，请客人在租借物品登记表上签名，并向客人说明注意事项；对一些特殊物品要向客人介绍使用方法和性能，并让客人当面签字。在酒店实际工作中，为了体现对客人的信任及节省工作时间，目前很多酒店已经取消客人签字环节，直接将物品交给客人即可。

四、收回物品

请客人在物品借用单上签字后，一联交给客人，一联交总台收银处，一联留存送回办公室；做好记录和交接，及时收回。在实际工作中，很多酒店都是在客人离店查房时确认所借物品是否归还；还有部分酒店将查房环节省略，默认客人不会带走任何物品，即使发生客人带走酒店物品的现象，也由酒店承担损失。

二维码链接 9

值得一提的是，随着智能化程度不断提高，目前部分酒店已经开始使用礼宾机器人来提供递送物品服务。比如希尔顿酒店集团和 IBM 合作推出的礼宾服务机器人康妮（Connie，二维码链接 9），能够为酒店客人提供有关酒店、便利设施、当地商店和餐厅的信息。更智能化的是，康妮还能通过学习来不断地进行自我完善和提高，可以回答更多的问题，与客人之间的互动效果很好。

早在 2014 年，aloft 雅乐轩酒店就推出了品牌的第一个机器人智能酒店管家阿洛“A. L. O”（图 10-1）。这个智能酒店管家有着萌萌的造型，其设计灵感来自传统的管家服饰元素——白衬衫、黑领结。这个智能机器人管家会根据酒店客人的请求，把客人所要求的相关物品送至客人房间（图 10-2）。

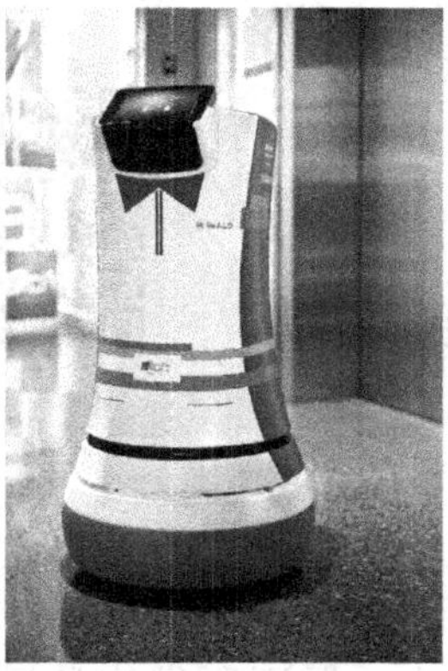

图 10-1 机器人阿洛

图 10-2 阿洛为客人递送物品

随着礼宾机器人的升级换代，未来机器人可在客人到达酒店前对客人可能需要的服务进行在线设计。同时，可以通过编程，让它们掌握更多特殊技能，为客人做好一切安排，比如从机场接客到提供美食服务和客房布置，甚至可提供陪伴、教育、娱乐、商业建议等服务，让我们拭目以待。

任务十一　处理突发事件

任务导入

安排学生进入酒店客房部进行短期实践，跟着师傅体验楼层服务工作。1821 房间的李先生来自南方，不太适应北方寒冷的气候，受了风寒得感冒了，学生跟着师傅打扫房间时注意到客人垃圾桶内有大量擦鼻涕的纸巾，以及写字台上放置的感冒药。

任务分析

通过完成该项任务，学生能够掌握如何处理客人生病等突发事件。

酒店是一个政治、经济、信息和文化的集散地，具有复杂性、多功能性。酒店人群相对集中，技术、资金相对密集，因此突发事件也相对比较多，如客人生病、醉酒、物品损坏、自然灾害、火灾等。突发事件具有不可预知性，因此必须有基本的应急预案，成立应急领导小组；同时，要具有灵活性和一定的应变能力，能够冷静地处理各类突发事件。

一、客人生病

客人住店期间，身体可能会偶尔有不适或突发疾病。客房服务人员应及时发现，给予宾客必要的关怀和照料，根据不同的疾病类型及时汇报处理。

（一）一般性疾病

客人可能会偶感风寒，服务员发现后应表示关怀，礼貌询问病情及宾客要求，帮助客人联系驻店医生，可请宾客到酒店医务室进行治疗。同时，多关心该客人，多送些开水，提醒客人按时服药。也可以联系餐饮部为客人煮姜汤或者姜丝可乐等送到客人房间，帮助客人驱寒。

（二）突发性疾病

突发性疾病一般包括心脑血管病、肠胃疾病、食物中毒等。客人出现突发性疾病，客房服务员要立即报告管理人员，绝对不能擅作主张，救治病人，避免导致更严重的后果。如果患者头脑尚清醒，请服务员帮助购药，服务员应婉言拒绝，劝客人立即到医院就医或请医生到酒店治疗，以免误诊。

如果客人病情严重，客房部要立即与同来的家属或同伴联系。如果客人独自一人住酒店，客房部经理应立即报告大堂经理，请酒店派车派人送客人去医院救治。必要时设法与客人单位或者家人联系。对于突发性疾病的处理，应做详细的书面报告，说明发生的原因、处理经过及后续追踪的结果。

（三）传染性疾病

如果发现客人患上了传染性疾病，必须立即向酒店总经理汇报，并向卫生防疫部门汇报，以便及时采取有效措施，防止疾病传播。

对患者使用过的用具用品要严格消毒，并在客人离店后对房间、卫生间严格消毒。对接触过客人的所有服务员，要进行体检，避免疾病扩散。

酒店客房的客人往来频繁，床单一定要勤更换；卫生间的设施也要及时消毒处理；客房的各个角落也要定期喷洒杀虫剂防止病菌传播。

二、客人醉酒

在酒店实际工作中，经常会碰到客人醉酒的情况。醉酒客人的破坏性较大，轻则行为失态、大吵大闹、随地呕吐，重则危及其生命或损坏酒店设备设施或酿成更大的事故。服务人员遇上醉酒客人时，头脑应保持冷静，根据醉酒客人不同的种类及特征，分别处理。对轻的醉客，应适时劝导，安置其回房休息；对重的醉客，则应协助安全人员，将其制服，以免扰乱其他客人或伤害自己。

客房服务员在服务过程中，如发现客人在房间喝醉酒或在外面喝醉酒回来时，应上前询问客人入住的房号，有无同伴，掌握客人醉酒的程度。通过客人的房卡，以及有效证件，与电脑资料核对、确认房号。把确认后的客人送入房间，调节空调温度，设法使客人保持安静。询问客人或同伴是否需要去看医生。对醉酒客人专人负责，耐心照顾，防止发生不良后果。在客人躺的床头旁放好垃圾桶，铺好报损的地巾，帮助倒杯温水放在控制柜上。将床头、台灯、过道灯及卫生间灯打开，方便客人辨别方位。

在安置醉酒客人回房休息后，客房服务员要特别注意其房内的动静，以免客房的设备及家具受到损坏或因其吸烟而发生火灾。将醉酒客人的房号及处理过程记在交接本上，做好交接。晚间可与安全部联系，请监控注意，如有异常随时通知客房服务中心。若醉酒后造成客房设备物品损坏，做好记录，客人酒醒后按酒店规定处理。

针对醉酒客人，酒店建立报告制度，即全酒店所有员工在酒店的任何区域、任何时间，一经发现有醉酒客人，必须及时通知总台及相关部门。对饮酒过量的客人，应恰当、及时地劝阻，防止客人在店内醉酒；对已醉酒的宾客或住店的醉酒客人，每位员工都有义务和责任给予及时帮助；对深度醉酒的客人给予高度的关注，并尽快联系就近医院治疗，不得置之不理，更不得取笑客人。

三、物品损坏

（一）客人损坏客房物品

客人在住店期间，可能会出现损坏客房物品的情况，我们应采取如下处理方法：

1. 调查

接到通知客人损坏客房物品的报告后，要亲自检查被损物品，与客人核实情况。

2. 查阅被损物品的赔偿价格

3. 索赔

直接与客人联系，有礼貌地讲明酒店制度并要求赔偿。

4. 处理

包括以下三方面：

(1) 物价小、价值小的可及时弥补的被损物品的处理。

向损坏物品的客人表明酒店将保留向其索赔的权利，或及时判断赔偿金额，或付现金，或打入房款并填写赔偿单；若客人不在场，先打入其房款并填写赔偿单，再留言请其与大堂经理联系，由大堂经理负责向其解释说明；用相机拍摄现场。

(2) 物件大或价值大的无法及时弥补的被损物品的处理。

判断是否有潜在危险，通知工程部人员到场判断并及时拆换或封锁现场危险区；向损坏者表明酒店将保留向其索赔的权利，或第一时间判断金额和赔偿金，或付现金，或打入房款，并填写赔偿单；填写酒店财物损坏报告，连同现场照片呈交管理层及有关部门。

(3) 客人已离店的处理。

若因客人已离开酒店而找不到当事人向其索赔，须于日志上记录事情经过并向上级汇报。

5. 善后工作

通知有关部门进行事后跟进；将详细情况记录于值班日志上。

(二) 服务员损坏客人物品

服务员在做房间时，不小心损坏了客人的物品时，服务员应立即报告客房服务中心、领班、主管，由管理人员负责解决，并向客人诚恳道歉，及时为客人修理或重新购买，用一颗真诚的心去打动客人。

四、客人携带宠物

有的住店客人有宠物情结，住店时随身携带宠物。宠物入住酒店的话题对于酒店来讲一直争议很大，既要取悦客人，又要为所有客人负责。

(一) 携带宠物进店可能造成的影响

➢ 伤人隐患；

➢ 传染病隐患；

➢ 喊叫和大小便影响酒店环境；

➢ 带来清洁困难，客房一次大便，可能会臭一个星期，房间无法订出去；

➢ 宠物过大，引起客人恐慌。

(二) 酒店对携带宠物入住客人的处理方法

➢ 没有地方寄存宠物的酒店，服务人员应熟记当地宠物寄存地点和联系方式，最好存入每个人的手机；建议客人把宠物寄放在酒店的行李房或其他仓库，告知客人会有相关人员照顾。

➢ 为客人联系附近的宠物医院/美容所，建议客人将宠物暂送到那里，让更专业的人士来照顾。

➢ 视酒店实际情况，可考虑增设“宠物房”，一方面可以解决客人的需求，另一方面可以增加收入，更重要的是服务的升华。

五、其他

除上述突发事件外，可能还会遇到自然灾害，如水灾、地震、台风、龙卷风、暴风雪等，或者遭遇火灾、停电等事故。对于这类突发事件的处理，将在客房安全管理部分进行阐述。

总之，在遇到紧急事件时应坚持以下四个原则：

(1) 严格按照各项程序进行操作，并要有一定的灵活性；

(2) 遇事要冷静、沉着；

(3) 要具有强烈的责任感和敏锐的观察力；

(4) 要以客人的安全、需求为己任。

任务十二　提供夜床服务

微课 4：
开夜床服务

任务导入

安排学生进入酒店客房部进行短期实践，跟着师傅体验楼层服务工作。学生跟着师傅来到 1822 房间门口，准备开夜床。

任务分析

通过完成该项任务，学生能够掌握开夜床的程序和方法。

现在的酒店基本都采用中式铺床，开夜床时将被子打开一个大约 45 度的角，方便客人入睡，同时还要整理房间、清洁卫生间，补充必需的客用品，恢复客房环境卫生，使客人感到舒适温馨。

夜床服务的时间，一般从晚 5：30 或 6 点开始或按客人要求做，一般夜床服务在晚 9 点之前做完，避免 9 点以后再去敲门打扰客人休息。

开夜床前，客房服务员要将工作车物品准备齐全，将开夜床所用的夜床服务表、免费水果、报纸、晚安卡或者早餐券等物品放置在工作车上。

一、开夜床服务项目的评分标准

根据中华人民共和国旅游行业标准 LB/T 006—2006《星级饭店访查规范》对开夜床服务项目的评分标准（见表 12-1），我们可以清楚地了解到，开夜床服务内容包含了 22 项细节，这些细节的每一项都切实影响到客人的感受。

表 12-1　开夜床服务项目的评分标准

项目：开夜床服务（三星级（含）以上适用）				
日期：　　　　时间：				
	标准	达到	未达到	备注
1	正常情况下，每天 17：00 到 21：00 提供开夜床服务	1	0	
2	悬挂“请勿打扰”牌，在门下放置或在门把手悬挂开床卡片	1	0	
3	床边垫巾和拖鞋放置到位	1	0	

续表

	标准	达到	未达到	备注
4	床头放置晚安卡或晚安致意品	1	0	
5	遮光帘已充分闭合，遮光效果好	1	0	
6	床头灯在打开状态	1	0	
7	房内用早餐卡已放在醒目位置	1	0	
8	烟灰缸、垃圾桶已清空洗净	1	0	
9	客房内所有用具都已归于原处	1	0	
10	宾客的衣服已折叠整齐，或悬挂	1	0	
11	所有的鞋子已成双整齐码放	1	0	
12	已补足文具用品	1	0	
13	及时更换已用过的餐具或饮具	1	0	
14	报纸和杂志已码放整齐	1	0	
15	电视机柜已为宾客打开	1	0	
16	电视遥控器已放在显著位置、电视节目单齐全	1	0	
17	已应宾客要求更新用过的毛巾	1	0	
18	已清洁和更换卫生间内的水杯	1	0	
19	应宾客要求补足浴室用具	1	0	
20	已将宾客个人的浴室用品摆放整齐	1	0	
21	客房、卫生间已清洁，无毛发、无灰尘、无污迹	1	0	
22	提供冰桶（配冰夹）	1	0	
小计：		22		
实际得分：				

二、开夜床服务的困惑

仅有规范是不够的，《星级饭店访查规范》在全国统一颁布，每一家酒店应如何凸显出个性化呢？答案是细节！在实际操作中，很多酒店会遇到一些细节上的困惑。

提供开夜床服务

（一）标准间开哪张床

一般情况下，酒店规定客人第一次入住，在不了解客人喜好的情况下，要开靠卫生间的床，因为这张床的位置隐私性比较好，打开房门时基本不在视线之内。但有的客人偏偏喜欢靠窗户的那张床，这样一来，夜床服务就变成了无效劳动。为弥补这一缺憾，自然引入个性化服务的概念。

（二）个性化服务如何提供

根据个性化服务的原则，如果客人续住，服务员应按客人的喜好开夜床。但遗憾的是客人可能不续住，享受不到酒店提供的个性化服务。正确的做法是，客房服务员清扫客房时，不应只是被动地做卫生而已，而应该通过自己的观察，将客人特殊的爱好与需求及时地记录下来，供其他员工参考。因此，管理者在设计清扫员工作日报表时应在每一个房间的后面留下足够的空间，记录客人的特别喜好。负责夜床服务的服务员进行夜床服务时，首先应到客房中心或规定地方查看清扫员工作日报表中客人的个性化爱好，包括喜欢睡哪张床，并将其摘录到夜床服务报告中的备注栏内，针对客人的喜好为客人提供个性化服务，如客人喜欢 A 床，就开 A 床，客人喜欢 B 床，就开 B 床，让夜床服务真正成为客人感觉舒适和体贴的有效劳动。

三、开夜床服务的流程

（一）进门程序

客房服务员按照规定的进房程序敲门进房，并自报身份，等待客人回应；若客人无回应，确认房内无人后，用钥匙开门，插卡取电，拉上窗帘。如果房间开着“请勿打扰”灯，不要去打扰客人，该房间不开夜床。

（二）整理卧室

整理卧室时，先清理卧室的垃圾，如有使用过的烟灰缸、茶杯等，进行清理和更换；然后抹尘。

（三）开夜床（图 12-1）

根据客人数量，尊重客人的习惯开夜床，将被子向外折成 45 度角；打开床头灯；放好晚安巾、拖鞋、睡衣等；按酒店规定放好鲜花、水果、晚安卡或小礼品等。

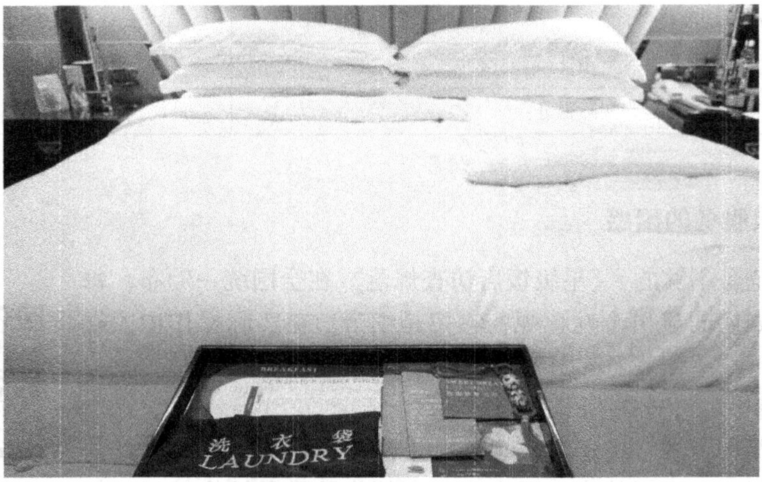

图 12-1　开夜床全景

（四）整理卫生间

- 冲洗恭桶。
- 清洁客人用过的浴缸、面盆及台面。
- 用专用抹布擦洗地面；将浴帘拉至浴缸的 2/3 处，浴帘尾部放入浴缸内，将酒店提供的浴袍放在床尾。

（五）离开房间

回到卧室，拉上遮光帘，环视退出房间，轻轻关门。开完夜床后，应及时整理工作车上的物品，并将夜床工作时遇到的问题记录在工作日志上。同时，及时填写夜床服务表，将客人房号、所住人数、进出客房时间等填写清楚。

四、个性化的夜床服务

以上内容为标准化开夜床的程序，要使夜床服务成为酒店服务的亮点，还需要管理者的创新意识，不断地丰富和完善夜床服务的内容，设计出令客人惊喜的效果，即个性化的开夜床。

酒店个性化开夜床的六大创意包括：

（1）食品类。通常酒店在开夜床时，会为客人送上晚安巧克力，包装精美，并印有酒店的 logo，也可以作为宣传促销的手段。除巧克力外，可能还会放上糖果、小食品、酒店特制的小甜点或者当地特色小吃等，满足“吃货”的需求。

（2）鲜花类。开夜床时，在客人床头放上一支玫瑰花或是酒店特制的小插花等，让客人感觉到小清新的浪漫，尤其是在“妇女节”“母亲节”等重大节日为女性客人送上包装精美的鲜花，一定会让客人喜出望外。

（3）玩具类。主要是针对家庭房等主题客房，送上萌萌呆呆的小玩具，赢得孩子们及童心未泯的客人们的欢心。

（4）饰品类。有些酒店会设计印有酒店 logo 的钥匙环、手机链、指甲刀等小饰品，深受客人喜爱。

（5）纪念品类。部分酒店更加用心，设计具有中国传统文化元素、当地特色元素或酒店特色的纪念品，利用百变毛巾叠制各种形象，给客人留下美好的记忆。

（6）节假日类。有些酒店利用节假日之际，如万圣节等，为客人营造节日气氛。不过要针对客人的特点和喜好而为之，否则可能适得其反。

此外，有些酒店推出“枕头服务”。为了让客人充分体验细致入微的温馨服务，夜床服务时在客人床头留下“枕头自选菜单”，提供各种枕头如荞麦枕、木棉枕、磁疗枕、茶叶枕等，并详细注明每种枕头的不同功效，供客人自由选择，让客人享受更舒适的睡眠。如果是常住客人，酒店还会将此信息输入电脑档案，让客人每次入住，温馨入睡。

还有些酒店推出“助眠饮品”。为帮助客人尽快进入美妙的梦乡，酒店为客人精心准备各种助眠饮品，如牛奶、豆浆、酸梅汤、麦片等，供客人根据自己的口味选择。科学证明：睡前吃食物可促进胃血液循环，同时减缓大脑的血液循环，让人们出现困乏感从而帮助入睡。

有创新才有发展，只要怀着一颗真诚为客人服务的心，就一定能够设计出更多更好的夜床服务项目，让夜床服务成为酒店品质的代言。

项目六　后续服务工作

项目介绍

通过学习本项目，学生能够在客人离店后仔细检查房间，并做好客人遗留物品的处理。

检查退房

任务十三　检查退房

任务导入

安排学生进入酒店客房部进行短期实践，跟着师傅体验楼层服务工作。1823 房间的客人刚刚离开房间到前台结账，学生跟着师傅准备查房。

任务分析

通过完成该项任务，学生能够了解如何检查退房。

客人入住和退房是酒店服务中发生最频繁的两个业务流程，每天都有大量的入住和退房，退房时需要进行查房，以核查酒店设施设备和客人遗留物品等。

必须按照标准流程进行查房，我们总结为查房“三部曲”。

一、敲门进房

➢客房服务员接到前台退房查房通知后，问清楚要退房的房号并确认，然后去查房。

➢按敲门的程序敲门，如房内有客人，应等客人离房后再进房检查，可主动帮助客人搬运行李或通知行李员帮忙，送客人到电梯口与客人道别，然后进房检查。

二、检查房间

➢客房服务员检查房间内消费品消费情况，如有消费，应将其品种及数量通知前台。

➢检查房内物品是否齐全完好，非赠送物品是否遗失（包括借用物品），如有，立即通知前台联系客人及时归还。

➢检查抽屉、衣柜、床底、卫生间有无客人遗留物品，如有，应赶在客人离店前交还；如客人已结账离店，将遗留物品交给前台登记保管。

三、报告登记

➢客房服务员将查房结果迅速通知前台并记录其工号。

➢查报退房后，在工作本上做好记录并更改房态，通知楼层服务员尽快打扫房间。

客人退房的查房流程基本就是这三步，不同的酒店会设置客房服务中心或者楼层服务中心等，根据设置的部门安排人员查房。

具体的查房顺序可参照以下顺序进行：壁柜—行李架—写字台—电视—电话—文具夹—沙发—茶几—枕头—被单内—床头柜—床底下—冰箱—卫生间，其他各种电器、灯具也要一并检查。

查房时一定要非常仔细，尤其是容易被忽视的细节之处，比如小酒吧里的酒水、食品等，避免客人消耗后又放回的现象发生；还有枕头下面、床底、床头柜周边等，都要仔细检查，避免客人的物品遗漏在酒店客房。

上述内容为传统的查房程序，目前有些酒店已经简化或者省略了查房程序，规定3分钟之内为客人完成结账手续，不需要等待客房查房。随着酒店智能化，有些酒店已经可以通过手机APP办理离店手续，客人完全实现自助，如前文提到的阿里飞猪未来酒店。所以，在实际工作中，酒店可以根据实际情况决定是否需要查房。

任务十四 处理客人遗留物品

任务导入

安排学生进入酒店客房部进行短期实践，跟着师傅体验楼层服务工作。学生跟着师傅在1823房间查房时发现客人留下了一个档案袋，上报给客房服务中心。

微课5：
处理客留物品

任务分析

通过完成该项任务，学生能够了解如何处理客人遗留物品。

一般来说，客人遗留物品包括：现金、珠宝首饰、身份证件、文件信函、衣物、电子设备及其他物品等。

客人遗留物品的处理程序包括四步。

一、发现客人遗留物品

➢在客房内发现任何客人遗留物品，一律上交客房服务中心。

➢客人遗留物品一般都是由客房服务中心来处理。及时与前台联系，询问客人是否已经离开酒店。若客人未离开酒店，应及时交还客人；若客人已经离店，要对客人遗留物品做详细的登记，并填写遗留物品登记表。

二、处理客人遗留物品

➢如果是散客，客房服务中心文员应立即与前台联系，设法找到客人。

➢如果是团队客人，则与团队联系人取得联系。

➢如果找不到失主，立即上报大堂副理，服务员立即将遗留物品送到客房服务中心。

三、登记备案

➢客房内如有遗留物品，服务员应立即在工作单上做好登记，包括物品的房号、名称、数量、形状、颜色、拾物日期及拾物人的姓名。

➢一般物品要与钱币、贵重物品分开登记。

➢一般物品整理好后与遗留物品单一起装入遗留物品袋，将袋口封好，在袋的两面写上当天日期，存入遗留物品存放处，贴上写有当天日期的标签。

➢钱币、贵重物品登记后，交由主管进行再登记，然后交给秘书保管。

➢遗留物品存放处每周由专人整理一次。

四、失主认领

➢如有失主认领遗留物品，需验明其证件，且由领取人在遗留物品登记簿上写明工作单位并签名。领取贵重物品需留有领取人身份证件的复印件，并通知大堂副理到现场监督、签字，以备查核。

➢若客人打电话来寻找遗留物品，需问清楚情况并积极查询。若拾物与客人所述相符，则要问清客人来领取的时间。

➢若客人不立即来取，则应把该物品转放入待取柜中，并在中心记录本上逐日交班，直到取走为止。

➢若有客人的遗留物品经多方寻找仍无下落，应立即向经理汇报。

➢按国际惯例，客人遗留物品保存期为 1 年，特别贵重物品可延长半年。超过保存期的，酒店可按规定自行处理。

通过下面的案例，可以感受到处理客留物品的重要性。

某日，住在大连某酒店的商务客人王先生离店后，前往北京开会，抵达北京后打来电话说他的西装落在了酒店，明天要参加一个重要的会议，必须得穿那套西装。酒店前台接到电话后立即与客房部取得联系，客房服务员的确在查房时发现了王先生的西装，也正想联系客人归还。

当时正值北京开两会，快递业务不能进京，无法将西装快递给王先生。酒店的“金钥匙”了解情况后，多方联系店内外资源，终于获知该酒店的李总当天晚上要去北京出差，遂马上与李总取得联系并说明情况，让他帮忙把西装带给王先生。同时与王先生及时沟通情况，征求意见，双方互留联系方式。最后，该西装如期还给了王先生，王先生十分感激，给酒店写了一封表扬信。

附：贴身管家服务

客房服务项目除以上介绍的几项外，还包括客房小酒吧服务、擦鞋服务、托婴服务、贴身管家服务等。酒店通过满足不同客人的不同需求，为客人提供满意加惊喜的服务，让客人体会到“家外之家”的温暖。最后不得不提一下贴身管家服务。

管家起源于法国，后来英国宫廷将管家的职业理念和职责范围按照宫廷礼仪进行了严格的规范，成为行业标准，英式管家也成为家政服务的经典，私人管家由此而来。所以，在英式管家享誉世界的最初，只有世袭贵族和有爵位的名门才能享受，原因无他，出自宫廷血统尊贵而已。英语中的管家“butler”一词源自法语的“bouteiller”——贵族或宫廷宴会上的司酒官。英国管家带给用户的应该是一种有品位的生活状态。

而贴身管家服务主要负责对客人提供全过程跟进式的服务，对宾客入住期间的需求进行全过程的服务，针对不同客人的不同需求做好客史档案的收集与管理。电视剧《五星大饭店》中有个片段，总经理亲自接见即将担任贵宾贴身管家的实习生时，诠释了贴身管家的服务理念：“为客人提供贴身管家服务时，技能也许并不是取胜的唯一武器，更重要的是要有充分的耐心和细心。五星级的服务是完美无缺。”

想成为客人的贴身管家并不是一件容易的事，通过电视剧《五星大饭店》中实习生即将成为贵宾贴身管家接受集训的片段（二维码链接10），可以更直观地感受贴身管家服务。

二维码链接10

一、贴身管家的岗位职责

贴身管家有以下岗位职责：

（1）负责检查客人的历史信息，了解抵、离店时间，在客人抵店前安排赠品，做好客人抵达的迎候工作。

（2）负责客人抵达前的查房工作，客人抵店前做好客房的检查工作及餐室的准备工作，准备客人的房间赠品，引导客人至客房并适时介绍客房设施和特色服务。提供欢迎茶（咖啡、果汁），为客人提供行李开箱或装箱服务。

（3）与各前台部门密切配合安排客人房间的清洁、整理、夜床服务及餐前准备工作的检查和用餐服务，确保客人的需求在第一时间得到满足。

（4）负责客房餐饮服务的点菜、用餐服务，免费水果、当日报纸的配备，收取和送还客衣服务。安排客人的叫醒、用餐、用车等服务。

（5）对客人住店期间的意见进行征询，了解客人的消费需求，并及时与相关部门协调沟通予以落实，确保客人的需求得到适时解决和安排。

（6）及时准备介绍酒店的产品、当地旅游和商务信息等的相关资料，适时向客人推荐酒店的服务产品。

（7）致力于提高个人的业务知识、技能和服务质量，与其他部门保持良好的沟通，协调关系，24小时为客人提供高质量的专业服务。

（8）为客人提供会务及商务秘书服务，根据客人的需要及时有效地提供其他相关服务。

(9) 整理、收集客人住店期间的消费信息及生活习惯等相关资料，做好客史档案的记录和存档工作。

(10) 客人离店前为客人安排行李、出租车服务，欢送客人离店。

(11) 严格遵守国家相关的法律法规、行业规范及酒店的安全管理程序与制度。

二、贴身管家的服务程序

(一) 抵店前

1. 检查预订，保留房间，检查客史记录，了解客人喜好

2. 与相关部门沟通，及时跟进，照客人喜好安排

3. 抵店前两小时检查房间、餐室状况和赠品的摆放

(1) 房间的布置符合客人的喜爱和生活起居习惯、爱好及赠品的喜好。

(2) 注意客人安全，隐私保密。

(3) 及时与相关部门沟通，确保客人喜好得到尊重和安排。

(二) 住宿期间

包括：

➢提前十分钟到大厅迎候客人，客到后做简单介绍，引领客人至房间，介绍酒店设施及房间情况。

➢客人进房后送欢迎茶及免费水果。

➢与各前台部门密切配合，安排客人的房间清洁，整理、夜床服务，及餐室准备的检查、点单、餐中服务。

➢根据客人需求，每日为客人提供房内用餐服务、洗衣服务、叫醒服务、商务秘书服务、用车、日程安排、当日报纸、天气预报、会务商务会谈、休闲服务等。

➢做好客人喜好的观察和收集，妥善处理好客人的意见和建议。

➢做好酒店各部门的沟通和跟进，满足甚至超越客人的愿望。

➢ 24 小时为住店客人提供细致、周到的服务。

(三) 离店前

➢掌握客人离开的时间。

➢为客人安排车辆、叫醒服务和行李服务。

➢了解客人对酒店的满意度，确保客人将满意带离酒店。

(四) 离店后

1. 做好客人档案管理

包括：①公司、职务；②联系地址、电话及 E-mail；③个人照片；④意见或投诉；⑤对客房、餐饮、娱乐、商务等的喜好；⑥未来的预订；⑦名片。

2. 做好客人遗留物品的处理

三、贴身管家服务的注意事项

➢注意客人的尊称，能够用客人的姓名或职务来称呼客人。

➢了解客人是否有宗教忌讳。

➢将你的联系方式告知客人，向客人介绍管家服务职能是 24 小时为客人提供服务。

➢注意客人的性格，选择相应的沟通、服务方式。

➢房间的温度、气氛（味、花）及音乐应调到适宜。

➢客人遗留衣物应洗好并妥善保存。

四、贴身管家特殊服务规程

➢行李开包：征求客人意见后予以操作。

➢取衣。

➢熨烫：征求客人意见按服装的质地及款式进行操作。

➢配套、摆挂：将客人衣物进行统一配套，按类挂好放入壁橱。

➢擦鞋：执行客房擦鞋工作规程。

五、贴身管家的素质标准

➢具有基层服务工作经验，熟悉酒店各前台部门工作流程及工作标准；熟悉餐饮部各个部门的菜肴以及红酒搭配。

➢具有较强的服务意识，能够站在顾客的立场和角度提供优质服务，具有大局意识，工作责任心强。

➢具有较强的沟通、协调及应变能力，能够妥善处理与客人之间发生的各类问题，与各部门保持良好的沟通、协调。

➢了解酒店的各类服务项目，本地区的风土人情，旅游景点、土特产，具有一定的商务知识，能够简单处理客人相关的商务材料。

➢形象气质佳，具有良好的语言沟通能力。

➢具备丰富的知识面，有较强的抗压能力。

综上所述，客房部是酒店与客人打交道的一线部门之一，主要负责酒店所有客房的清洁和保养工作，配备各种设备，提供各种生活用品，并且提供多种服务项目，满足宾客各方面的需要，为宾客创造一个清洁、美观、舒适、安全的理想住宿环境。

课后习题

一、填空题

酒店客人的主要类型包括：__________客人 、旅游观光型客人、家庭度假型客人、__________客人。

二、简答题

中式铺床的步骤有哪些？

三、实操题

以小组为单位，为特定的客源（如情侣、儿童等）设计并布置主题客房，形成

PPT上交，阐述设计理念、完整记录设计过程及设计成果，并进行演讲汇报。

四、案例分析

案例1：

一酒店住着某公司的一批常住客。一天，一位客人的西装套装脏了，需要清洗，见服务员小李进房打扫卫生，便招呼说："小姐，我要洗这套西装，请帮我填一张洗衣单。"小李想客人也许是累了，便答应了客人的请求，随即按她所领会的意思帮客人在洗衣单上注明"湿洗"，然后将西装和单子送洗衣房。当班的洗衣工是刚进洗衣房工作不久的新员工，她毫不犹豫地按照洗衣单上的要求对这套名贵西装进行了湿洗，结果造成衣服洗后严重缩水。

客人收到西装后，十分恼火，责备小李说："这套西装价值上万元，理应干洗，为何湿洗？"小李连忙解释说："先生，真对不起！不过，我是照您交代填写湿洗的，没想到会……"客人更加气愤，打断她的话说："我明明告诉你要干洗，怎么硬说我要湿洗呢？"小李感到很委屈，不由分辩说："先生，实在抱歉！可我确实……"客人气愤之极，抢过话头，大声嚷道："我要向你们经理投诉！"

客房部经理接到客人投诉，立刻找小李了解事情原委，但究竟是"干洗"还是"湿洗"，双方各执一词，无法查证。最后经酒店领导反复研究，考虑到这家公司与酒店的长期合作关系，尽管客人索取的赔款超出了酒店规定的赔偿标准，但为了彻底平息这场风波，最后还是接受了客人的赔偿要求。

案例评析：

在酒店客人的投诉中，因客衣所引起的纠纷占了相当大的比例，如衣物破损、丢失，污迹未洗净，纽扣丢失，客衣染色褪色等。洗衣服务环节涉及人员较多，往往因有关人员工作不够细致或缺乏常识而出现差错。如何有效预防客衣纠纷的发生？

结合本案例，酒店应从以下三个方面加强管理和控制：

1. 酒店应明确告知客人如何送洗衣物

有的酒店要求服务员每天定时逐一检查所有客房，收集住客送洗衣物，也有的酒店要求住客将洗衣袋挂在房门外待服务员收取，但这两种方法都有明显的缺点。前者容易打扰住客，后者容易丢失。所以，酒店应该在服务指南中明确告知如何送洗衣物，或住客将送洗衣物直接交楼层服务员或打电话到客服中心，由服务员上门收取等。同时，请客人在洗衣单上详细填写姓名、联系电话、房号及洗涤种类数目等，以便提供后续服务。

2. 客衣的收取应严格遵守服务规范，来不得半点马虎

服务员在收取客衣时，要当着客人面清点衣物，查看口袋里有无物件，纽扣有无脱落等。如发现有破损或不能清除的污渍，应委婉地向客人解释，经其同意方可送洗衣房。客房服务员一般应婉拒客人代写洗衣单的要求，即使代客人填写了洗衣单，也应该请客人过目并予以签名确认，以作依据。

本案例中因为客房服务员未遵照服务规范代填洗衣单，错将名贵西装做湿洗处理，造成责任纠缠不清，使酒店和客人都蒙受了经济损失。所以，在对客服务的过程中只有严格执行酒店的规章制度和服务程序，才是对客人真正的负责。

服务人员应养成良好职业习惯，善待客人的洗涤意愿，提高服务质量。一些客人

在选择填写洗涤方法时往往认为水洗比干洗干净或水洗价比干洗价便宜，在不了解衣服面料的正确的洗涤方式的情况下，凭个人生活经验填单；还有的客人根本不知道自己的衣服质地适合哪一类洗涤，随便找一个服务栏目填写就送洗了。在这种情况下，如果服务人员仍然“照单”操作，就会导致越来越多的洗衣投诉和客人的不满。

在本案例中，洗衣房的责任首先是洗衣单上没有客人的签名不该贸然洗涤客衣；其次就是洗衣工面对“湿洗”名贵西装的不正常情况，未能敏锐地发现问题并向客人了解核实，从而错失了一个避免差错、弥补损失的良机。所以，酒店要加强对洗衣服务的相关人员的业务培训，提高其服务技能和技巧，同时更要更新服务理念，培养员工良好的职业习惯，确保工作细致周到，从而有效减少或避免洗衣纠纷的发生，让客人享受到满意加惊喜的优质服务。

以往，很多酒店的服务员在收取客衣时一般只核对客人房间号、衣物数量和客人是否填写姓名。但是随着时代的发展，服务面料、饰物的变化日新月异，这种服务显然已不能满足客人多变的需求。所以，无论是客房服务员还是洗衣工，在进行衣服分类、洗涤过程中，不仅要细致核对洗衣单，还要以洗涤行业的职业习惯再次核对衣服的保养标志和手感、面料、质地等，在此基础上，选择最为适合的洗涤方式。在洗涤检查过程中，如发现有斑迹洗不掉或洗衣设备无法洗涤的衣物时，应及时退还客人，并附致歉信，说明不能洗涤的原因，请客人谅解；同时，在洗衣单上减去该衣物的洗涤费。衣物洗熨好后，要及时送还客人，并在流通过程中做好交接记录；同时，有必要根据衣物类别进行适当的包装，如对男式衬衣和内衣进行折叠加封，对女装衬衫或外套要加套挂放等。为便于客人查收，应将衣物放在房内显眼处，切忌将衣物直接放于衣柜内，以免引起不必要的误会与麻烦。如果客人在房内，应请客人当面验收；如门外有“请勿打扰”标志，应将特制的说明纸条从门下空隙处塞入，告知客人衣物已洗好，请其与服务中心联系，或为客人电话留言等。

3. 面对因客衣纠纷引起的客人投诉

无论是管理人员还是服务员都应认真耐心地听取客人意见，态度要诚恳，并迅速分析和查明具体原因，有针对性地切实为客人解决问题。

凡属由酒店方面原因引起的客衣纠纷，酒店应主动承担责任，进行相关赔偿、修补或回收、回熨等，若需赔偿，赔偿费最高一般不超过洗衣费的10倍。特殊情况需经双方根据具体情况协商解决。就本案例的情况而言，由于投诉客人是长包房客，尽管客人也负有一定的责任，但为稳定客源，这家酒店同意了客人的赔款要求，也是完全可以理解的。若属客人或客人衣物本身原因引起的客衣纠纷，酒店不负赔偿责任，但应耐心向客人解释，做到友好协商，事实清楚，原因明确，处理得当，让客人满意。

案例2：

成都某五星级酒店窗外微风细雨，春意盎然。咖啡厅有个小男孩和妈妈却看起来不太开心，客房部张总监恰巧经过此处，询问后得知小男孩叫强强，专程从家乡到成都熊猫基地看熊猫的，因为雨天不能去看可爱的大熊猫，强强倍感遗憾。了解原委之后，张总监第一时间召集了客房部同事，准备给强强一次奇妙的熊猫之旅。客房服务员小李进入强强的房间，摆放了一套儿童用品及玩具。当强强正开心地玩着玩具时，客房服务员小刘为强强送去了熊猫玩偶和熊猫巧克力，此时房间里充满了愉快欢乐的气氛。

第二天，楼层王主管趁强强和妈妈到咖啡厅用餐之际将他们房间的床上用品更换为可爱的熊猫图案，强强和妈妈回到房间后，楼层赵经理装扮成大熊猫轻轻敲开房门，“哇哦，大熊猫，”强强顿时大声欢呼，“妈妈，大熊猫来啦！”只见他兴奋地抱住大熊猫，摆出各种姿势让妈妈拍照。这时赵经理从熊猫口袋里变出一只熊猫公仔送给强强，强强抱着熊猫公仔高兴地在床上蹦蹦跳跳，而妈妈也一直在旁边不停拍照，迫不及待地将幸福时刻分享给朋友。看着这对幸福的母子，赵经理擦了擦头上的汗水。

事后，强强的妈妈发来感谢信：“赵经理，非常感谢您及您的团队给我们的惊喜，这次旅行让我们深深体会到贵酒店的待客之道，一切非常完美，谢谢。”

案例评析：

1. 本案例中客房部张总监观察细致，细心地发现了客人情绪的变化，积极主动地与客人沟通，了解客人的需求。

2. 本案例充分体现了客房服务团队的合作意识和创新意识。客房部从总监、经理、主管到服务员分工合作，各尽其职，帮助客人圆梦。

3. 本案例中客房服务员小李和小刘能够投其所好，针对强强渴望见到大熊猫的需求提供个性化的服务，为他准备儿童玩具、熊猫玩偶和能猫巧克力。

4. 本案例中王主管趁客人不在房间之际更换床品为客人喜欢的图案，为客人带来惊喜。

5. 本案例中赵经理不辞辛劳，主动扮成大熊猫，并与强强互动，送给他熊猫公仔，弥补了强强母子受天气影响无法去看大熊猫的遗憾。

6. 经过客房团队的共同努力，酒店获得了客人的高度认可。收到强强妈妈表扬信的那一刻，所有的付出都是值得的，这也正是客房服务的魅力所在。

模块三　客房管理

模块综述

通过学习本模块，学生能够了解酒店客房部的人员管理、物品管理、安全管理、服务质量管理等内容。

项目七　客房人员管理

项目介绍

通过学习本项目，学生能够了解酒店客房部人员管理的相关内容。

微课 6：客房部人员管理要点总结

任务十五　安排班次

任务导入

安排学生进入酒店客房部进行短期实践，跟着主管体验客房管理工作。学生跟着主管学习如何安排班次。

任务分析

通过完成该项任务，学生可以为酒店客房部员工进行排班。

客房部员工一般占酒店员工总数的 30% 以上，人工费用是客房部经营管理费用中的一大项支出。因此，客房部的人员管理工作非常重要。

一、劳动定额

在客房部进行员工招聘前，首先要确定员工的劳动定额。劳动定额的确定，以操作的测试结果为依据，利用以下公式来计算：

$$X = [T-(t+B)] / (A+D)(1+f)$$

其中：T 为每天规定的劳动时间；t 为准备的作业时间，B 为结束工作的时间；A 为清扫一间房的时间；D 为随机服务时间；f 为休息与自然停顿的系数。

经过测试，结果如下：随机服务时间为 8 分钟；清扫一间客房的时间为 25 分钟；准备工作的时间为 8 分钟；结束工作的时间为 8 分钟，休息与停顿的系数为 0.14. 每天规定的劳动时间为 480 分钟（60 分钟×8）。将以上数据代入公式：

$$X = [480-(8+8)] / (25+8) \times (1+0.14)$$
$$= 464/37.62$$
$$= 12 \text{（间）}$$

劳动定额的确定方法，在运用科学计算的同时，还应考虑到班次、员工的实际情况等因素。一般早班员工要清扫 12~14 间客房；中班员工要负责 40~50 间的夜床服务；早班领班负责检查 60~80 间客房；中班领班负责 160~200 间客房的工作区域；实习生和新员工开始工作时，劳动定额较低，一般清扫 6~9 间客房，熟练之后劳动定额逐渐增加。

二、定岗定员

劳动定额确定后，要针对客房的工作岗位编制定员。客房定员的常用方法有以下几种：

（一）历史分析法

通过参照客房部历史定员数据，根据以往经验进行分析来确定定员。

（二）劳动效率定员法

主要适用于实行劳动定额管理、以手工操作为主的工种，如客房服务员。计算公式为：

$$\text{定员人数} = \text{工作量} / (\text{员工劳动效率} \times \text{出勤率})$$

例如：某五星级酒店拥有客房 500 间，年平均出租率为 85%。客房服务员分为早班和晚班两个班次，早班客房服务员的劳动定额为 14 间，晚班客房服务员的劳动定额为 50 间，员工出勤率一般为 96%。该酒店实行每周 5 天工作制，每年享受 10 天有薪年假（法定休假日正常排班，但要根据劳动法进行加班补偿）。问：客房部的早班和晚班客房服务员如何定员？

解答： 客房服务员年平均出勤天数 = [365 - (52×2) - 10] ×96% ≈241（天）

早班客房服务员定员人数 = (500×85%) / (14×241/365) ≈46（人）

晚班客房服务员定员人数 = (500×85%) / (50×241/365) ≈13（人）

（三）比例定员法

按比例定员是指根据酒店的档次、规模等按照一定的比例确定人员总量。比如，客房部员工人数约占酒店员工总数的 30%；客房楼层服务员与领班的比例约为 1 ∶ 6。

但是这种比例关系只能作为定员的参考依据，每个酒店会根据实际情况进行确定。

（四）设施设备定员法

按设施设备定员是指按照设施设备的数量、设备开动的班次和员工的看管定额来计算定员的人数。一般来说，高星级酒店客房服务员与客房数的比例约为1∶5。客房部的洗衣房等岗位定员常常根据设备的数量和设备的条件来进行定员。

目前，有些酒店在实际工作中采用“买房”的方式节约人力成本。“买房”指的是员工完成标准工作量之后，每多清洁一间房给予相应的现金报酬，一般为10元/间房。这样就可以在不增加员工数量的情况下完成工作。但这种操作方式仅限于旺季，不适合长期使用，劳动强度过大将导致工作效率降低，服务质量下降，进而影响客人对客房服务的评价，影响酒店的美誉度。

此外，由于劳动力成本居高不下，一些酒店在实际工作中采用“外包”的用工方式，即在保证服务质量的前提下缩减人工成本。较为常见的做法是酒店将公共区域清洁业务外包给专业保洁公司来完成；楼层服务员会按照一定的比例介入外包。同时，随着人工智能的发展，客房部简单重复的工作可由机器人来完成，这样也可以大量节约人工劳动力。

酒店无论采用哪一种方法来计算劳动定额，都要根据酒店实际工作需要及用工安排情况来确定最终的员工定员数量。

三、安排班次

（一）排班流程（图15-1）

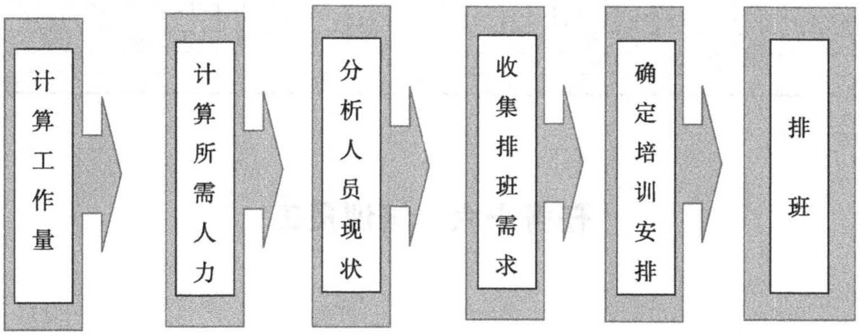

图15-1 排班流程

（二）排班需考虑的其他因素

1. 个人需求

以工作为重，任何情况下不得影响大局；在此基础上，尽可能满足个人的合理需求，正常情况下每周至少安排一天休息。

2. 人员搭配

男女搭配、新老搭配，有利于团队建设。

3. 倒班

倒班频率适中，正常情况下休息不超过一周，不允许连踩两班。

4. 节假日

节假日轮休。

5. 灵活调整

工作相对稳定可按月排班，工作多变需按周排班；临时调班须征得双方及上级同意后方可调整。

6. 关注 95 后、00 后员工

数据显示，95 后平均 7 个月会换工作，有的酒店自我调侃“不要去骂 95 后，他们会离职的”。

表 15-1 是某酒店客房部的月排班表的实例，可以看出，酒店客房部员工分为八个班次（A、B、C、D、E、F、J、I），实行倒班制，每个班次各尽其责，分工合作，24 小时为客人服务。酒店可以根据房间数量、客房部工作量及客房部员工数量等因素合理安排班次，保证酒店客房部工作的正常运转。

表 15-1　酒店客房部排班表实例

20××年×月份客房部排班表																																			
序号	姓名/职位		日期 1	2	3	4	5	6	7	8	9	10	11	12	13	14	15	16	17	18	19	20	21	22	23	24	25	26	27	28	29	30	31	休假天数	积假天数
		班次	日	一	二	三	四	五	六	日	一	二	三	四	五	六	日	一	二	三	四	五	六	日	一	二	三	四	五	六	日	一	二		
1	刘	客房经理	SH	A	A	A	A	A	A	A	A	A	0	A	A	A	A	A	A	A	0	A	A	A	A	A	A	A	SH	SH	A	A	A		
2	陈	客房主管	B	B	B	0	B	B	B	B	B	B	B	B	0	B	B	B	B	B	B	B	B	B	0	0	0	B	B	B	B	B	0		
3	黄	客房服务员	E	E	E	E	E	E	0	B	B	A	A	A	A	A	A	A	A	B	B	B	B	E	E	0	0	0	SH	SH	SH	0	0		
4	黄	客房服务员	A	A	A	A	B	B	E	E	E	E	E	0	B	B	B	0	B	E	E	0	A	B	B	A	B	0	B	B	B	B	A		
5	吴	客房服务员	B	B	0	B	A	A	A	A	A	B	0	B	B	B	0	B	B	A	A	A	0	0	0	E	E	E	E	E	E	E	E		
6	冼	客房服务员	B	0	B	B	B	B	B	B	0	0	B	E	E	E	E	E	E	0	0	E	E	A	A	0	A	A	A	A	A	A	0		
7																																			
8																																			
9																																			
10	韩	PA服务员	B	0	J	J	J	J	J	0	I	F	F	F	F	F	I	J	0	0	I	J	J	J	J	0	0	I	I	F	F	F	F		
11	王	PA服务员	0	B	F	F	F	F	F	I	0	J	J	J	J	J	0	F	I	I	0	F	F	F	F	I	I	0	0	J	J	J	J		
A班:08:00-16:30　B班:08:30-17:00　C班:15:30-24:00　D班：00:00-08:00　E班：11:30-20:00																																			
F班:07:00-15:30　I班：08:30-13:00　17:30—21:30　J班：14:00-23:00																																			
备注：0-例休　CL-补休　AL-年假　SH-法定假　EL-事假　SL-病假　调班和调休必须书面申请经上司签批后方可生效，严禁私自调班.																																			

任务十六　培训员工

任务导入

安排学生进入酒店客房部进行短期实践，跟着主管体验客房管理工作。学生跟着主管学习如何对新员工进行培训。

任务分析

通过完成该项任务，学生了解 ASK 员工培训方法。

一、员工培训

员工培训的目的是引导员工端正工作态度，帮助员工学会能够胜任工作的知识和技能，培养能够与企业共同发展的优秀员工。根据员工培训的时间可以分为入职培训和在岗培训；根据培训的内容可以分为企业文化培训、业务培训、管理培训和外语培训等。无论是哪种培训，均可从态度（Attitude）、技能（Skill）和知识（Knowledge）三个方面进行。

（一）态度（Attitude）培训

态度是指一个人的品德、职业精神，做事态度，对工作的负责程度，敬业精神。员工的态度是员工能够做好工作最基本、最关键的要素。

客房部的服务工作与其他部门有所不同，劳动强度大，与客人面对面打交道的机会少，这就要求客房部员工要脚踏实地、吃苦耐劳，以高度的责任感从事大量的琐碎工作。同时，要具有较高的自觉性，遵守客房服务工作的纪律，尊重客人的隐私，不能随意翻阅客人的信件、文件等材料；不可随意乱翻客人的抽屉、衣橱等。

员工态度培训的方法通常有小游戏、小活动、小案例，通过情景模拟的方式让员工有更直接的体验和感受，意识到态度的重要性，感悟服务的真谛，引导员工端正工作态度、踏踏实实完成本职工作。

（二）技能（Skill）培训（图 16-1）

客房服务工作的任务相对繁杂，体力消耗较大，客人要求的服务内容较多，标准较高。因此，要求客房部员工具有充沛的精力和较强的动手能力，能够为客人提供干净整洁的“家外之家”，满足客人的需求；同时，也要具有敏锐的观察力和较强的应变能力，通过对客人房间的观察，能够服务于客人开口之前，为客人提供满意加惊喜的服务，使客人感觉物超所值。

客房技能培训通常采用 OJT（On the Job Training）的方式，通过一对一的师傅带徒弟的方式提升员工的技能。其特点是在具体工作中，比如中式铺床，双方一边示范讲解、一边实践学习。有不明之处可以当场询问、补充、纠正，还可以在互动中发现以往操作中的不足、不合理之处，共同改善，这也成为“职场内培训”。这种培训的效率较高，效果较好。

（三）知识（Knowledge）培训（图 16-2）

客房部员工应具备岗位的基础知识，加强知识的学习，积极为岗位的发展储备知识。

客房部员工的知识培训包括了解企业文化，熟悉岗位职责、相关的制度和规定；同时，也要储备丰富的文化知识，如历史、地理知识，语言知识，心理学知识等，加强与客人的沟通，以便更好地服务于客人。

酒店要求客房部员工能达到“三知”和“三会”。“三知”即知原理、知性能、知用途；“三会”即会使用、会简单维修、会日常保养。

图 16-1 技能培训

图 16-2 知识培训

以上三种培训（简称 ASK）既是培训工作的指导，也是培训工作的内容。通过态度培训、技能培训和知识培训，员工应具备客房服务工作应具备的知识和技能，能够胜任客房部的工作。

二、客房部员工培训

员工入职时，酒店会统一安排新员工入职培训，介绍酒店概况、酒店的企业文化、酒店的规章制度、消防安全培训、食品安全培训等。统一的新员工入职培训结束后，就会分配到各个部门。各部门会利用工作之余安排部门培训。客房部员工培训包括以下主要内容（表 16-1）。

表 16-1　客房部员工培训内容

序号	培训内容	课时
1	客房产品概述	6
2	客房清洁服务	10
3	客房接待服务	16
4	客房服务礼节	6
5	客房安全知识	6
6	旅游相关知识	16
7	客房英语知识	40
总课时		100

（一）客房产品概述

包括客房种类及其特点（客房的各种类型与功能，设施设备的配备，客房用品的品种、数量与布置）、客房部的组织结构及其任务（客房部的组织结构与岗位设置，客房部的基本任务）、客房服务员的岗位职责和素质要求（客房服务员的岗位职责，客房服务员的素质要求）等。

（二）客房清洁服务

包括客房清洁（清洁工作的一般原则，客房清洁的操作程序与质量要求，清洁用品的使用与保养知识）、计划清洁（计划清洁的概念，计划清洁的项目与操作要求）、清洁用具（清洁剂的种类与功能，清洁工具的使用与保管）等。

（三）客房接待服务

包括服务准备工作（了解客情，布置客房，检查工作）、楼层迎宾服务（新客人，老客）、住客服务工作（会客服务，洗衣服务，饮料服务，开夜床服务，物品租用，其他服务）、宾客离店服务（送客服务，查房工作）等。

（四）客房服务礼节

包括仪表仪容仪态、服务语言（称呼，问候，应对）等。

（五）客房安全知识

包括饭店安全概述（饭店安全内容、重点及原则，相关法规）、饭店安全管理（对住宿客人的要求，住宿登记，钥匙管理，客人财物保管，对公安机关通缉、通报的处理，对客人遗留物品的处理）、消防知识（消防要求，防火灭火的主要措施，火灾报警系统）、职业安全（操作安全，身心安全）等。

（六）旅游相关知识

包括食、住、行、游、购、娱等旅游要素知识。

（七）客房英语知识

包括客房通用英语100句、客房情景英语对话等。

案 例

你听说过这样一家酒店吗？一家不断创造奇迹的酒店；一家让顾客感动流泪的酒店；一家服务排名第一，97个月来从未被超越的酒店；一家工资水平在全省排名中等偏上，员工流失率超低的酒店；一家打造家和文化，将顾客满意度与员工满意度同定为首要大事的酒店；一家网上顾客推荐入住达率99%，每天接待顾客中回头客占86%的酒店；一家开业十六年，只有250间客房，营收连续8年过亿元的四星级酒店。它就是广州碧水湾温泉度假村。

当下，在中国酒店业转型升级之际，碧水湾将亲情化服务做到极致。碧水湾人认为，“体验式亲情服务是回报率最高的投资，是酒店永续经营、利润倍增的制胜法宝。”作为中国酒店行业的典范，碧水湾以其成功的服务实践，对“中国服务”做出了最完美的诠释！

在此想分享的是它的培训：

1. 完善的培训机制

蔡云旗在碧水湾干了10年，现为房务部总监，之前做了6年培训工作。说起碧水湾的培训机制，蔡云旗最有话语权。

“碧水湾的员工培训体系，分为5个等级：第一级是度假村的入职培训，主要是公共知识培训；第二级是部门培训，主要是业务知识和岗位知识培训；第三级是师徒培训，要签订师徒协议，跟师傅的业绩考核挂钩；第四级是每个月部门要安排一个培训计划，根据部门的培训重点进行培训；第五级是酒店的专项培训。”蔡云旗说得有条有理，“培训形式主要分为三种：案例培训、演练培训和操作培训。此外，还有英语培训，每年还会外派学习。”

据蔡云旗透露，度假村经常组织经理级以上人员去参观管理和服务最好的酒店，通过实际入住体验、参观交流，开阔管理人员思路，“哪里服务好，就去哪里学习，再贵都舍得出钱”。参观体验之后，度假村都要进行专题认真讨论，结合自身的具体情况，围绕管理做深、建设做精、服务做细、品牌做强等各个方面，进行探讨、改进和创新。

在蔡云旗看来，碧水湾的成功关键在三方面：一是人，有一帮勤恳的基层老员工；二是完善的培训机制，每个月的碧水湾大学堂，每个星期的部门会议，都侧重于对服务意识的灌输和案例培训；三是坚持，很多企业是口号响、步子大、落地差，但是碧水湾从上而下一直能坚持。

2. 员工每年起码培训40次

28岁的刘琼是碧水湾专职培训师，2007年入职至今，她自己也记不清登了多少次台，做了多少个 PPT 了，迎来送往了多少员工和实习生。但是，她很喜欢这一份工作，一直充满激情，乐于跟同事沟通，培训对她来讲是一种享受。

这一路走来，刘琼说，自己内心非常认可碧水湾的企业文化。作为培训师，将这种文化传递给员工就是她神圣的职责。

刘琼每年培训的工作量非常大，给实习生培训、给员工培训、案例培训，度假村90%以上的培训工作由自己的员工来做，偶尔也会请外边的专家进行授课，不过主要偏重于插花、化妆之类的专业课程。据统计，碧水湾每个员工每年参加的培训不少于40 次。

所有培训的课件都亲自做，这使得刘琼课件制作水平大大提升。现在回头看看，刘琼会觉得以前做的课件很幼稚、很肤浅。不仅是课件，培训教材也由刘琼编写，所以平时她拼命地看书，疯狂地在网络上找视频素材，半夜起来看材料也是常有的事。

3. 用心做事大学堂

2008 年，也就是刘琼入职后的第二年，对碧水湾构建企业文化来说，是非常重要的一年。这一年，碧水湾《文化手册》第二次改版，开始推行“用心做事”，碧水湾大学堂也从这一年正式开办。现在，用心做事大学堂每月举办一次，连流程都固定下来了。

第一部分是“用心做事”中各个部门的分值，9 个部门的服务排行榜。第二部分是员工满意度，一线、二线员工的满意度。第三部分是精选案例学习，通过好的事例来突出主题学习，这些案例多来自度假村内，也有一些是其他企业的优秀服务案例。第四部分是顾客赞誉，顾客的表扬信和点评，公布各部门受到表扬的情况，选一部分宣读。第五部分是负面案例。谁都不想上负面案例，但是每个月总会有 3 个“倒霉蛋”。第六部分是颁奖环节，度假村领导给获得用心做事荣誉的员工颁奖。

度假村级别的用心做事案例，需要层层选报，由各个部门先报，然后每个部门抽一个人在周二或者周三先评，最后再进行筛选确定。

刚开始推行用心做事的时候，正面案例不多。“看到客人的笔记本电脑没有鼠标垫，给客人配上鼠标垫”这样的事情也能上度假村案例。现在不一样了，这是应该做的，不这样做反而要受到处罚。

4. 培训内容因人而异

培训并不是简单的重复，也要讲究技巧和规划，讲究“天时地利人和”。

每年 10 月到次年 3 月，是传统的温泉旺季，这个时候客人很多，员工很累很辛苦。自然，员工会遇到一些服务方面的困惑。

因此，在这期间，刘琼会侧重于服务技巧和心态的培训，反复讲优质服务的内容，怎样让客人惊喜和感动，同时增加一些心态方面的课程，关心关爱员工，激励他们，给他们一些正能量。

而在温泉淡季，则强化技能培训，为旺季服务做准备。各个部门开展些铺床、点钞、礼仪、叠毛巾、送水、厨艺创意等比赛，让员工平时练的基本功有用武之地，还有员工运动会，增强度假村的凝聚力。在六七月份，也就是新员工入职较多的时候，则加强企业文化的宣传与培训。

度假村规定，入职培训，正式员工培训两天，实习生培训六天。每一次参加培训的人员包括中专生、大专生、本科生。刘琼感到培训中专生特别吃力，因为中专生特别顽皮，不听话。副总经理曾莉对刘琼说："没有培训不好的学生，只有培训不好的老师。"

这句话点拨了刘琼，后来她针对不同的员工采取不同的方法去引导他们学习。中专生注重实操，多跟他们交流、关心他们，做思想工作；本科生做服务心会傲一些，这时候就会给他们做好职业规划。学旅游管理的学生，就不会再讲旅游管理方面的内容；有些学计算机的，从来没接触到服务，则更多强调什么是服务，什么是客人，怎么去服务。就这样，刘琼一步步摸索着差异化的方法进行培训。

温泉康乐部副经理裴爽在心态培训方面有一套。平时，她喜欢看《菜根谭》《读者》《淡定的人生不寂寞》等励志杂志书籍，看完总爱与同事一同分享。在上培训课时，她会找一些乔布斯、断臂画家、平民英雄等视频激励大家。

碧水湾在10年内之所以能成为国家4A级景区、中国温泉协会副会长单位，姜忠平认为，秘诀是"胜在用心，赢在细节，重在检查，贵在坚持"。而对于未来10年的目标，姜忠平也非常坚定地说："打造中国温泉知名品牌。"

项目八 客房物品管理

项目介绍

安排学生进入酒店客房部进行短期实践，跟着主管体验客房管理工作。学生跟着主管学习如何管理客房部的物品。

微课 7：
客房部物品管理

任务十七 管理客房设备

任务导入

安排学生进入酒店客房部进行短期实践，跟着主管体验客房管理工作。学生跟着主管学习如何对客房用品进行管理。

任务分析

学完该项任务，学生能够了解如何选择客房设备，如何对客房设备进行使用、管理和更新改造。

一、客房设备的选择

选择客房的设备时，要考虑四个因素。

（一）安全性

安全是住店客人最基本的要求。酒店在建设初期对于客房装修材料的选择、对于家具的选择、对于备品的选择都要绿色环保，对客人的人身安全负责；同时，要配备保险箱、双锁等保证客人的财产安全；此外，还要考虑家具设备的防火阻燃性，浴缸及地面的防滑性，避免安全隐患。

（二）针对性

客房的设备不应千篇一律，要针对不同的客源群体有针对性地配备不同的设备。比如，家庭房或亲子房，除了配备正常的双人床之外，还要配备一张单人床或者婴儿床，房间整体的装修风格及装饰都会有所差异。

（三）实用性

酒店客房设备不应一味地追求奢华，更应注重实用，方便客人使用；要注重绿色节能环保，同时考虑到隔音性能、低碳、消声等功能，体现出客房的经济价值和社会价值。

（四）特色性

酒店客房的设备应具有一定的特色性。比如，主题客房及少数民族地区的酒店，可以围绕某一主题配备相关的设备或是体现当地特色及民族风格的设备，能够让客人耳目一新，同时提升客人对酒店客房的满意度。

酒店的设备属于酒店的硬件，但是客人可以通过硬件的配备感受到酒店的软性服务和用心程度。因此，酒店管理人员应注重酒店设备的配置和管理。

二、客房设备的类别

（一）建筑装饰

客房面积不低于20平方米（不包含卫生间和门廊），包括门体、吊顶、房顶、墙体、地面、窗户和壁柜等。

（二）五金器具

包括面盆水龙头、下水管、手巾架、浴缸水龙头、淋浴喷洒头、浴巾架、晾衣绳、化妆镜、浴缸扶手和挂衣钩等。

（三）卫浴器具

包括面盆、恭桶、鱼缸和淋浴间等。

（四）家具

包括行李架、迷你吧、电视柜、写字台、梳妆镜、梳妆台、床头柜、床架、床垫、床头板、画框、沙发、茶几、角桌、加床等。

（五）电器

包括小冰箱、电水壶、电视机、空调机、电吹风等。

（六）灯具

包括壁灯、台灯、落地灯、吊灯、夜灯和床头灯等。

三、客房设备的使用管理

（一）客房设备的使用

客房设备的使用者主要为员工和客人。一方面，要加强对员工的培训，让员工熟悉客房设备的用途、性能、使用方法和保养措施等，保证服务员能够正确使用和保养设备，延长设备的使用年限；另一方面，要让员工在引领客人进入房间时，为客人介绍客房设备的性能和使用方法，避免客人不会使用设备造成损坏或者不好意思询问员工如何使用设备的尴尬。

（二）客房设备的管理

客房的设备较多，要设专人管理。一方面，要对设备进行分类编号，便于管理；另一方面，要建立设备档案制度，使每个设备都有自己的档案，有据可查，包括设备的修理、变动、损坏等情况都要做好登记，以便全面掌握设备的使用情况。

（三）客房设备的维护管理

随着酒店的发展，客房的设备在不断使用的过程中会发生一定的损耗。因此，要及时对客房的设备进行日常维护。

对于建筑装饰，及时发现损坏，并及时呈报维修，跟踪解决；五金器具的报修应迅速及时，清理水渍污垢，定期进行保养；卫浴器具应使用专业的清洁剂，并做好消毒操作，避免硬物对卫浴造成创伤；家具应做好每日擦尘，定期进行打蜡，搬运和挪动时要避免造成磕碰或松散；电器要每日进行检查，有问题及时进行保修，按照规定进行维护保养；灯具要每日进行检查，使用相称的光源，确保电压的稳定性。

同时，要有计划地对客房设备进行更新，主要分为常规修整、部分更新和全面更新三种类型。

1. 常规修整

在酒店正常运作的过程中，客房部会对设备进行日常的修整。比如，对地毯的清洗；对墙面的洗涤和粉饰；对家具的修饰；对窗帘的洗涤等。

2. 部分更新

酒店一般在客房使用五年左右，会对客房的部分设备进行更新改造。比如，更换地毯；更换墙纸；更新沙发靠垫；更换窗帘等。

3. 全面更新

酒店一般在客房使用十年左右，会对客房的设备进行全面彻底的更新改造。比如，更新床架和床垫；更新灯具、镜子和画框等装饰品；更新卫生间设备等。

酒店在设备更新改造过程中一般依然正常营业，因此要根据酒店的经营状况以及酒店的更新改造资金等制订周密的设备更新改造计划，有步骤地逐步完成客房设备的更新改造，不影响酒店的正常运营。

任务十八　管理客房用品

任务导入

安排学生进入酒店客房部进行短期实践，跟着主管体验客房管理工作。学生跟着主管学习如何对客房用品进行管理。

任务分析

学完该项任务，学生能够了解如何控制客房用品的发放和使用，如何制定客用品的消费定额，培养环保意识。

一、酒店客房用品的类型

（一）一次性消耗品（图 18-1）

二维码链接 11

一次性消耗品是指供客人一次性使用消耗或用作馈赠客人而供应的用品，如香皂、信封、明信片、礼品袋、针线包等，也称供应品。最具有代表性的一次性消耗品就是“酒店六小件”（见二维码链接 11），即顾客入住酒店后，酒店方为顾客提供的一次性免费洗漱用品，包括一次性牙刷、一次性牙膏、一次性香皂、一次性浴液、一次性拖鞋、一次性梳子六种生活常用品。

一次性消耗品在方便客人的同时也造成了资源的浪费，经国家标准化管理委员会批准，《饭店星级的划分与评定》取消了对牙膏、牙刷、拖鞋、梳子、沐浴液、洗发液酒店六小件客用品的硬性要求。酒店可以根据自己运营的需要选择配备或者不配备六小件。无论是从环保的角度，还是从减少成本的目的出发，取消“六小件”对于酒店而言都是有益的，不过在实际操作过程中却陷入了“理想丰满 现实骨感”的境地（二维码链接 12）。

二维码链接 12

（二）多次性消耗品（图 18-2）

多次性消耗品是指可供多批客人使用，但是不能让客人带走的客用品，如布件、烟灰缸、酒具等，也称客房备品。

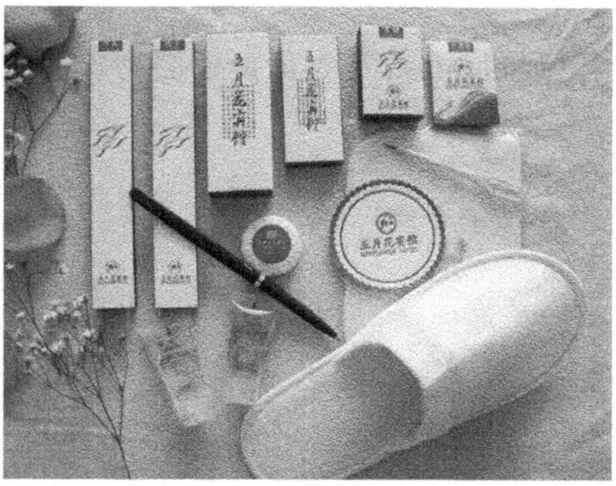

图 18-1　一次性消耗品

图 18-2　多次性消耗品

二、客房用品的类别

（一）棉织品

包括床单、被套、枕套、枕头、棉被、床衬垫，以及浴巾、手巾、面巾、地巾等。

（二）文具用品

包括服务指南、信纸、信封、便签纸、明信片、城区地图、早餐牌、送餐菜单、酒店宣传页、酒店简介、铅笔、橡皮、尺子、剪刀、胶水、订书机及订书钉等。

（三）洗梳用品

包括洗发液、护发素、淋浴液、护肤液、浴皂、手皂、牙刷、梳子、浴帽、漱口水、擦鞋布、鞋拔子、针线包等。

（四）迷你吧用品

包括冰桶、冰夹、调酒棒、开瓶器、餐巾纸、饮料、酒水、小吃、茶叶、咖啡、糖包、消费单、小酒水架、食品篮等。

（五）饮具用品

包括水杯、茶杯、红酒杯、古典杯等。

（六）日用品

包括拖鞋、火柴、洗衣袋、购物袋、卫生袋、服务夹、便签夹、杯垫、垃圾桶等。

三、酒店客房用品的管理

客房用品要实行逐级管理，客房服务员每天按照酒店规定的数量为客房配备和补充用品，并在做房报告上做好登记；楼层领班汇总客房服务员的做房报告，对每房、每客的客用品耗用量进行汇总统计；客房部经理一般每月一次，对客用品的消耗情况进行分析，进而更好地控制客用品的消耗。

对于酒店易耗品的管理，需要明确责任人，按标准配发，同时制定严格的申领制度，实行奖惩措施，也要及时盘存。作为管理人员要抓好物品的节省和再利用工作，做到物尽其用，发挥其最大利用价值。比如，房间的牙刷、梳子、小香皂、拖鞋等一次性客房用品和毛巾、枕套、床单、浴衣等客用棉织品，可按顾客意愿更换，减少洗涤次数。

客房用品的发放和使用均需严格控制。各楼层应配备专人负责楼层物资用品的领用、保管、发放、汇总以及分析的工作。

四、酒店客房用品消耗定额的确定

（一）一次性消耗品的消耗定额的确定

一次性消耗品消耗定额的计算公式为：

$$A=365 \cdot b \cdot x \cdot f$$

其中：A 代表一次性消耗品的年度消耗定额；b 代表每间客房每天配备额；x 代表酒店客房总数；f 代表预测的年平均出租率。

例：某酒店有客房 500 间，年平均出租率为 85%，拖鞋的单间客房每天配备额为 2 双。求该酒店拖鞋的年度消耗定额。

解：

拖鞋的年度消耗定额 = 365×2×500×85% = 310 250（双）

（二）多次性消耗品的消耗定额的额定

多次性消耗品消耗定额的计算公式为：

$$A=365 \cdot b \cdot x \cdot f \cdot r$$

其中：A 代表多次性消耗品的年度消耗定额；b 代表每间客房每天配备额；x 代表酒店客房总数；f 代表预测的年平均出租率；r 代表用品的损耗率。

例：某酒店有客房 300 间，被套单间客房配备 3 套（每套 2 张）。预计客房平均出租率为 80%。被套的年度损耗率约为 30%，求该酒店被套年度消耗定额。

解：

被套的年度消耗定额 = 365×（2×3）×300×80%×30% = 157 680（张）

同时，还应加强客用物品消耗控制，合理降低消耗，有效控制客房成本费用，提高经济效益。

1. 降低消耗

在实际的工作中，为了减少清洁剂对环境造成的污染，节约水资源，可以倡导客人减少更换床上用品的次数。比如，在床头柜放置绿色环保卡，提醒客人需要换床单时将环保卡放在枕头上，在卫生间放置布草篮，把卫生间需要更换的棉织品放在布草篮里。

控制易耗品的补发。房间的牙刷、香皂、梳子、拖鞋等一次性客用品，按客人意愿更换，比如对连续租用两天以上的房客，在清扫时不一定将客人用过的消耗品一概重新更换，而是在保留原有物品的同时补充新的消耗品。建议使用可重复使用的拖鞋，并定期进行清洁、消毒。

清洁剂一定要按比例勾兑，使用时另用小瓶装，避免超量使用带来的用水量增加和清洁剂副作用，减少浪费。

取消塑料封套、塑料擦鞋盒、一次性不可降解塑料洗衣袋，积极使用无污染、可再生的替代品。

2. 废品回收和再利用

目前大多数酒店都要求员工在日常工作中回收已经用过的物品进行再利用。客房服务员在清扫客房时可以回收报纸、杂志、酒瓶、饮料罐、食品盒、肥皂头、剩余的卷纸、用过的牙刷、用剩的牙膏、沐浴液等有价值的垃圾。比如，肥皂头、牙刷、牙膏、沐浴液等可以用于清洁保养工作，可以节省专用清洁剂的用量；报纸、杂志、酒瓶等可以卖给废品收购站；一些物品经过加工还可以继续利用，如报废的床单，可改成洗衣袋、枕套等，报废的毛巾还可做抹布用。清扫住客房时客人打开的半瓶矿泉水不要撤出，直到客人退房。客人退房后可以用剩下的半瓶矿泉水浇花。

五、绿色客房

绿色客房是21世纪人们追求回归自然的必然结果。根据《绿色旅游饭店》行业标准（LB/T007—2015）（二维码链接13），“绿色旅游饭店”的定义是指以可持续发展为理念，坚持清洁生产、维护饭店品质、倡导绿色消费、合理使用资源、保护生态环境、承担社区与环境责任的饭店。所以，绿色客房是指酒店客房产品在满足客人健康要求的前提下，在生产和服务的过程中对环境影响最小和对物资消耗最低的环保型客房。

二维码链接 13

《绿色旅游饭店》行业标准中对于“绿色客房”的要求如下：

9.2 绿色客房

9.2.1 客房室内空气质量优良，无异味，无装修材料污染。客房新风、排风系统有效，客房新风量每小时30~50立方米。

9.2.2 客房有良好的隔噪处理，室内噪声低于35分贝。室内设备无噪声排放。

9.2.3 客房可放置利于改善室内环境的植物。

9.2.4 客房提供优质饮用水；提供优质、恒温、压力适宜的盥洗用水。

9.2.5 客房提供优质照明。

9.2.6 客房室内设备运行，如中央空调、照明等应实现智能化控制，并方便客人使用。

9.2.7 客房采用建筑遮阳技术和自然通风。

9.2.8 客房有室内环境质量信息，棉织品更换、物品减量使用方面的告示。提供环保读物，提升客人环保理念。

9.2.9 客房楼层电梯应有新风系统。

9.2.10 饭店可设置自助服务区，如公共洗衣机、熨烫服务区、自助售货机等。

案例

布丁酒店是中国第一家时尚、新概念的连锁酒店，为年轻白领、商务人士和个性化的人群提供时尚、环保、简洁、张扬个性的客房服务。布丁酒店的绿色理念值得借鉴，主要包括：

1. 瞄准绿色人群

在经济危机的大背景下，人们对商旅居住环境的要求越来越苛刻，经济、舒适和环保成为三大首要因素。布丁酒店把握住市场中强烈的环保需求，将客户群体锁定在乐活族，倡导“让酒店成为绿色酒店，让酒店顾客成为绿色消费者”。

2. 提供绿色客房

布丁连锁酒店的每一家分店，都秉承“节能、节水、环保、健康”理念，严格按照绿色环保标准进行设计、施工和质量验收。

3. 使用绿色产品

布丁酒店软饰全部来自瑞典宜家，而宜家70%的产品原材料都是环保木材或木纤维。卫浴则采用ROCA，崇尚环保又能满足高品质生活所需。为减少污水和化学成分对环境的危害，布丁酒店坚持使用低毒、低污染的洗涤剂和消毒剂。布丁酒店内所有的墙面漆和木漆都选用无刺激的环保漆，保证为客人营造健康、绿色的环境。

4. 推行绿色价格

时下流行的社会“消费病”现象之一是“小富即奢”，即炫耀型消费和浪费型消费。但是随着公民素质的提升，布丁酒店从始至终都坚持协助消费者树立适度消费的观念。布丁酒店长期推出特价房，低至95元，价格超乎寻常的“绿色”。适度消费是一种社会责任，更是一种幸福。布丁酒店这一举措值得众多行业借鉴。

5. 构建绿色文化

布丁酒店不单单是在产品和服务上下足绿色功夫，更将绿色标准上升到企业文化的高度。布丁酒店遵照国际通行的环保标准，率先提倡减少一次性用品消耗，宣扬“少用小六件、捐植一棵树”，把“环保、节约、时尚”的消费理念传输给大家，以期共同关爱我们的家园。布丁酒店至今已向宾客和社会免费赠送100 000多个设计个性的环保袋。

因此，酒店应开展绿色宣传，引导消费者绿色消费，将绿色高效作为企业管理的目标，降低企业经营成本，实现社会效益和经济效益的最大化。

项目九　客房安全管理

项目介绍

安排学生进入酒店客房部进行短期实践，跟着主管体验客房安全管理工作。

微课 8：
客房部安全管理

任务十九　保证客房安全

任务导入

客房部主管为客房部员工进行安全培训，学生帮忙准备培训资料。

任务分析

客房安全工作非常重要，包括客房的安全、客人的安全、员工的安全等。

客房服务员在提供对客服务时，必须注意安全，严格遵守酒店规定的安全守则，杜绝事故。在工作过程中粗心大意，违反操作规程，会造成不可弥补的损失。因此，保证客房安全必须从客房服务员抓起。

一、保证客房安全

为确保住店客人的生命与财产安全，在酒店的客房内和公共区域均配备了各类安全设施，主要包括：

（一）安全监控系统（图 19-1）

安全监控系统一般设置在酒店大堂、楼层过道、客用电梯、消防楼梯通道、公共区域、停车场等。一旦出现紧急意外事件，便于取证。

（二）消防监控系统（图 19-2）

现代酒店大多为高层建筑，一旦发生火灾，后果不堪设想。酒店必须做好防范工

图 19-1　安全监控系统

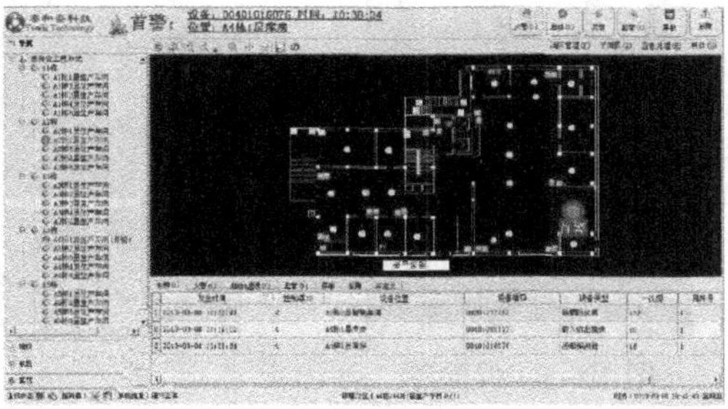

图 19-2　消防监控系统

作，安装消防监控系统，包括：火灾报警系统、自动灭火系统、人工灭火系统、防火设施系统、应急灯系统等。

（三）客房安保设施

酒店客房设计之初就应把安全放在首位，装修材料及家具应环保安全，空间布局设计也要为客人着想，方便安全。同时，还要配备以下安全设施：

1. 门锁（图 19-3）

门锁是保障住客安全最基本、最重要的设施，现在酒店一般都使用电子锁，相对比较安全。

2. 窥镜、防盗链（图 19-4）

窥镜和防盗链安装在房门上端，为广角镜头，便于客人观察房间的外部情况。

图 19-3　门锁

图 19-4　窥镜、防盗链

3. 保险箱（图 19-5）

酒店为保障住客的财产安全，在每个客房都配备小型保险箱，便于客人存放贵重物品，密码可由客人自行设定。

4. 液晶消防指示牌（图 19-6）

消防指示牌是用于标明消防设施特征的标志，用于说明酒店配备各种消防设备、设施，标志安装的位置。实践表明，在疏散通道的地面上或墙面、客房门后设置液晶消防指示牌，对安全疏散起到很好的指示作用。

图 19-5　保险箱

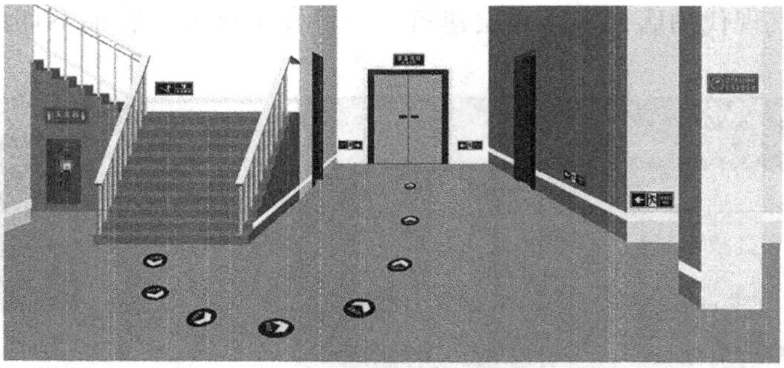
图 19-6　液晶消防指示牌

二、保证客人安全

（一）保障客人生命财产不受损害

为客人提供一个安全、温馨的住店环境，满足客人的安全需求，是酒店安全管理工作的首要任务。

（二）保护客人的隐私不受侵犯

客人入住酒店后，酒店应保护好客人的隐私，包括姓名、性别、职业、房号等信息；同时，客人住店期间，客房服务员应尽量不要打扰客人，清扫房间时不要随意移动客人的物品，不要窥探客人的隐私，要为客人提供安全可靠的服务。

（三）防止客人受到外来的侵扰

酒店应加强安全制度的建设，规范对访客的管理，不得向访客提供任何有关住客的私人信息；加强楼道的安全管理，防止店外闲散人员进入客房区域，消除安全隐患；加强总机管理，根据客人需求阻止外来电话进入客房。

（四）提高客人的自我防范意识

在酒店发生的安全事故中，许多都与客人安全意识薄弱有关。比如，将贵重物品乱丢乱放，令犯罪分子有机可乘。还有不少酒店安全事故的肇事者就是客人自己，如因卧床吸烟引起火灾。因此，在维护客人的安全方面，客人也有自己的责任。酒店应明示客人的安全防范义务，告知客人一旦发生意外时如何寻求保护和安全逃生。

三、保证员工安全

客房部员工体力劳动强度大，可能会在工作中遇到一定的危险，一定要加强对员工的培训，提高安全意识，保证安全操作，防患于未然。同时，还要有一系列的应急处理措施，并要求每个员工都掌握。

(1) 做房时，如果有急事要离开客人的房间，一定要锁好房门；遇到客人要求服务员帮忙开门，服务员应首先确认客人的身份，避免被不法分子利用实施盗窃行为。

(2) 使用开关或者电器时，应擦干双手，避免触电；举笨重物品时，切勿用腰力，须用脚力，应先蹲下，平直上身，然后举起。

(3) 清理房间的高处时，不要站在浴缸或洗手台的边沿或者家具上，要使用工作梯。

(4) 使用工作车时，要用双手推车，以防闪腰；使用工作车运送物品时不要挡住视线，遇到转弯时要特别小心。

(5) 所有玻璃窗和镜子，如发现破裂，须马上报告，立即更换，未及时更换的，须用强力胶纸压下以防有划伤人的危险；不可赤手伸进垃圾桶，须戴手套，并小心操作，以防被玻璃碎片、刀片等刺伤；不要使用已损坏的清洁工具，也不要擅自修理，以免发生危险。

(6) 使用清洁剂时，要戴好口罩和手套，不小心沾到手或身体时，要用清水冲净，以免伤害皮肤。

(7) 如果操作过程中受伤时，应立即上药、就医，以免感染。

(8) 在操作所有大型清洁设备时，一定要严格按照说明来操作，以免发生意外；走廊或公共场所放置的工作车、吸尘器、洗地毯机等应尽量放置在过道旁边，注意有无电线绊脚。

(9) 走廊或楼梯、工作间照明不良，应马上报告，尽快修理，以免发生事故。

(10) 家具表面上或地面上如有尖钉，须马上拔去；发现松动的桌椅，须尽快修理；工程部员工维修住客房的设施设备时，客房服务员要在场。

(11) 客房服务员绝大多数都是女性，在工作中还要有自我防护意识，对客人既要彬彬有礼、热情主动，又要保持一定的距离。

客人召唤入房时，要将房门大开，对客人关门要保持警惕，客人邀请时不要坐下，更不要坐在床上；尽量找借口拒绝客人邀请出外；不要轻信和陶醉在客人的花言巧语中而失去警戒。

下班后不得到客人房间串门，客人要求与你合影时要尽量拒绝，实在盛情难却时也要拉上几个同事一起照相；发生被客人耍流氓的事时要高声呼喊，尽力反抗；摆脱不了客人的纠缠时可按报警铃求救。

当客人与你纠缠时，作为服务员不应以任何不耐烦、不礼貌的言行冲撞客人，要想办法摆脱。当班的同事应主动配合，让被纠缠的同事干别的工作，避开客人的纠缠。当一个人在服务时，如不能离开现场的话，应运用语言艺术婉言摆脱客人的纠缠，如："实在对不起，如果没有什么事的话，我还要干别的工作，请原谅。"然后借故找一些工作干，如吸尘、搞卫生等，暂时离开。

任务二十　处理客房安全事故

任务导入

客房部主管为客房部员工进行安全培训，学生学习如何处理客房安全事故。

任务分析

了解常见客房安全事故发生的原因，以及客房安全事故的处理。

客房一直是酒店安全事故的高发地，酒店是一个开放的小社会，名种人随意出入，因而如何抓好酒店的安全工作，成了一项常规的工作。

一、常见客房安全事故发生的原因

客房事故发生的原因包括人为原因和非人为原因。

（一）人为原因

人为原因主要是指员工各种不安全行为所造成的原因，如管理上的疏忽、制度的不健全，员工不严格按照规范要求做事，误用或错用各种危险器具，错误使用危险物品等。

（二）非人为原因

非人为原因主要指不安全的环境及措施所引起不安全的各种因素，包括电器设备问题、维修不当等引起的原因。

二、客房安全事故的处理

（一）火灾事故的处理

大火猛于虎，客房部的火灾隐患较多，一旦发生火灾，后果不堪设想，因此，首先要加强对火灾的预防工作。客房内配备的地毯、家具、床品、窗帘、房门等均应选择具有阻燃性能的材料；提醒客人不得在房间内使用电炉等违禁电器；定期检查电器使用是否安全；设置不吸烟楼层，提醒客人不要在房间内吸烟；平时加强员工的消防演练。

一旦客房发生火灾，客房部员工应沉着冷静应对，尽力确保客人的人身安全和酒店的财产安全。

1. 客房区域发生火灾

（1）一旦发现起火，立即使用最近的报警装置，如立即打破手动报警器玻璃，发出警报。

（2）拨饭店规定的报警号码，通知总机，报告保安部和饭店高层主管，说明具体着火地点和燃烧的物质。

（3）迅速利用附近适合火情的消防器材，如灭火器、水枪、灭火毡等控制火势或将其火源扑灭。

（4）注意保护客人的人身和财产安全。

（5）如发现客房门下有烟冒出，应先用手触摸此门，如果很热，千万不能打开。

（6）如果火势已不能控制，则要立即离开火场。离开时应关闭沿路的门和窗，然后保持在安全距离之外，等候消防人员到场，并为他们提供必要的情况。

2. 火警信号

（1）客房员工听到火警信号，应立即查实是否在本区域。

（2）无特殊任务的客房员工照常工作，保持镇静和警惕，随时待命。

（3）除指定人员外，任何工作人员在任何情况下都不得与总机联系，保持全部电话畅通无阻，仅供发布紧急指示用。

（4）客房部主管应留在办公室待命，只有在客房区域发生火灾时才赶到现场。

3. 疏散信号

（1）疏散信号表明饭店某处发生火灾，要求客人和全体酒店人员立即撤离房间，赶到集合地点列队点名，该信号只能由火场的消防部门指挥员发出。

（2）迅速打开安全门、安全梯，并组织人员有步骤地疏散客人。

（3）客房工作人员应敲击和打开房门，帮助客人通过紧急出口离开房间，要特别注意伤残客人，客人离开房间后要立即关好门。

（4）各楼层梯口、路口都要有人指挥把守，以便为客人引路和避免大量客人涌向一个出口，造成挤死挤伤事故。

(5) 火灾发生后，要注意检查每一个房间内是否有客人。

(6) 客房部主管应根据记录在集合地点点名，保证每一个客人和员工都在场。

事故发生后，酒店应成立事故处理小组，协调和处理各种后续问题，如保险公司的赔偿、伤亡人员的医治、赔偿和善后工作等。

(二) 盗窃事故的处理

客房里有价值不菲的设备，有客人的财产，如果失窃，不仅会对酒店的客人造成损失，还会影响酒店声誉，带来经济损失。因此，要加强对盗窃事故的预防。要严格员工进房登记制度；规范钥匙使用制度；客房服务员工作时应将工作车挡在门口，注意察看走廊上有无可疑人员，倾听外面的动静；平时加强培训，提高防范意识。

一旦客房发生盗窃事故，要遵循酒店的相关规定正确处理：

➢一旦客人投诉在房间内有财物损失时，应立即与值班经理、保安部取得联系，并向客房部领导汇报。

➢及时封锁现场，保留房间的状态，不得让任何人进入客房。

➢向客人了解失窃物品的详细情况及其价值，帮助客人回忆最后见到此物的时间和地点，请客人帮忙再次寻找。

➢向保安部调取监控录像，观察出入此客房的人员，便于进一步调查。

➢对失窃前曾逗留或到过此房间的人员进行一一询问，仍无法找到失窃物，征求客人意见是否需要报警。

➢如果客人坚持报警，则请保安部代为报警，待警方到达现场后，协助客人及警方做详细的调查。

➢将事情发生的原因、经过、结果记录在日志本上。

➢对于此类事故，除相关人员外，一律不得公开宣传。

(三) 意外受伤的处理

为避免客人在房间内意外受伤，服务员在平时的工作中要细心观察，严格遵守工作流程，对于房间的设备用品要及时检查和维护，杜绝安全隐患。

一旦发现客人在房间内意外受伤，应立即向上级主管和医务室汇报，同时采取正确的救护行动。

➢发现客人受伤后，首先观察伤情。如果客人意识清醒，可征求客人意见将客人扶起来，安慰客人，稳定情绪，询问客人哪里不舒服，是否需要就医。

➢如果客人伤势较重，不要擅自处理，应及时通知医护人员，等待过程中可做一些力所能及的应急处置。比如，客人流血了，可以帮忙按住出血口或者用止血带止血。

➢若发现客人后背受伤，尽量不要翻动客人，立即请医生或者送医院。

酒店平时可以安排员工参加红十字会的紧急救护培训，掌握基本的救护知识和技能，在遇到受伤的客人时可以更好地实施救助。

(四) 客人死亡的处理

有时候，在酒店客房可能会遇到客人死亡的事故，客房服务员要克服惊慌情绪，沉着应对。客人死亡可分为正常死亡和非正常死亡，由公安机关尸检后定论。

1. 正常死亡事故的处理

如公安机关确定为正常死亡，酒店应根据死者留下的证件、电话号码等与其亲属取得联系，根据法律规定进行处理；若死者为国外人员，应与大使馆或者领事馆取得联系，并尽可能根据当地的民俗风俗进行处理。

2. 非正常死亡事故的处理

首先应立即报警；保护好现场，不允许任何人进入；待公安人员到场后进行处理，酒店做好相应的配合工作。

各类安全事故发生后，一定要做好善后处置。教育员工做好保密工作，禁止事件情况外传；全力配合公安机关、医疗机构、酒店法律顾问等做好相关工作；总结经验教训，加强防范措施，教育员工，杜绝再次发生类似事件。

项目十 客房服务质量管理

项目介绍

通过学习本项目，学生能够掌握客房服务质量的控制，正确处理客人投诉。

任务二十一 保证服务质量

任务导入

安排学生深入酒店主要岗位对从业人员进行访谈交流。

任务分析

通过完成该项任务，学生能够掌握客房服务质量的控制。

“质量是企业的生命”这一观念已经成为当代企业的基本共识，对于酒店管理也是如此。在市场竞争条件下，酒店经营成败的关键在于服务质量。客房服务是酒店服务的重要组成部分，其质量高低直接影响酒店服务质量和客房出租率。要加强客房服务质量管理，提高客房的服务质量水平，必须认识客房服务质量及其管理内容。

一、客房服务质量的构成

服务质量（Service Quality）是指以设备或产品为依托的劳务适合和满足客人物质和精神需求的程度。适合和满足的程度越高，服务质量就越好。客房服务质量由以下三方面内容构成。

（1）客房设备设施用品质量：包括客房家具、电器设备、卫生间设备、防火防盗设施、客房备用品和客房供应品的质量。这些是客房服务提供的物质基础，其舒适完好程度如何，直接影响到整个客房服务的质量。

（2）客房环境质量：主要是指客房设施设备的布局和装饰美化、客房的采光、照明、通风、温湿度的适宜程度等。良好的客房环境能使客人感到舒适惬意，产生美的享受。

（3）劳务质量：劳务质量是客房部一线服务人员对客人提供的服务本身的质量。它包括服务态度、服务语言、服务的礼节礼貌、服务方法、服务技能技巧、服务效率等。

在这三方面中，设备设施用品和环境的质量是有形的；劳务质量是无形的，却又是服务质量的最终表现形式。三者的有机结合，便构成了客房服务质量。客房管理的目的，就是促使客房服务质量得到全面提高，满足客人物质需求和精神需求，从而创造经济效益和社会效益。

客房服务质量的优劣最终取决于入住客人的体验和评价。在实际工作中，酒店通常会与专业的第三方合作，比如 Trust You（一家德国创业公司，成立于 2008 年），“酒店点评中哪些因素被经常讨论”（二维码链接 14），通过收集客人的反馈信息和市场竞争对手的情况，建立衡量指标体系，从而确定该酒店的客房服务质量水平，并为客房管理者提供完善服务质量的工作方向和目标。

二维码链接 14

二、客房服务质量标准的建立

（一）客房服务质量标准设计的依据

客房服务质量标准的设计主要应该考虑三个方面的因素。

1. 适应性

设备设施的质量标准必须和酒店星级与档次相适应，星级越高，客房服务设施就越完善，设备就越豪华舒适。因此，客房服务设施的标准就有不同的层次。

2. 合理性

服务质量的标准必须和产品价值相吻合。客房服务质量的标准体现的是客房产品的价值含量的高低。与其他产品一样，客房产品也应该符合物有所值的要求，服务质量的标准包括有形价值和无形价值两部分。由于它关系到消费者和酒店双方的利益，制定标准应该准确合理。标准过高，酒店要吃亏；标准过低，客人不满意，影响酒店声誉。

3. 针对性

服务质量的标准必须以客人的需求为出发点。服务质量中人的劳务质量体现在服务态度、服务技巧、礼节礼貌等各个方面，其质量高低主要取决于客人的心理感受。因此，任何脱离客人需求的服务标准都是没有生命力的。

（二）客房服务质量标准的内容

根据客房服务质量标准的设计所要考虑的因素，客房服务质量的标准包括以下十方面内容。

1. 服务工作标准

主要指酒店为保证客房服务质量水平对服务工作所提出的具体要求。服务工作标准不对服务效果做出明确的要求，只对服务工作本身提出具体要求。例如，客房床单应每日更换一次；大堂地面必须每天定时推尘。

2. 服务程序标准

指将服务环节根据时间顺序进行有序排列，既要求做到服务工作的有序性，又要求保证服务内容的完整性。例如，客房接待服务有四个环节，即客人到店前的准备工作、客人到店时的迎接工作、客人住店期间的服务工作、客人离店时的结束检查工作，其中每个环节又进一步细分出很多具体的步骤和要求，如果这些环节中有一个步骤出现问题，都会使客房服务质量受到很大影响。确定客房服务程序标准是保证服务质量的重要举措。

3. 服务效率标准

指在对客服务中建立的服务的时效标准，以保证客人得到快捷、有效的服务。

例如，客房服务中心接到客人要求服务的电话，3 分钟内必须为客人提供服务；客人交付洗熨的衣物必须在 24 小时以内交还客人等。

4. 服务设施用品标准

指酒店对客人直接使用的各种设施和用品的质量和数量做出严格的规定。设施和用品是酒店服务产品的硬件部分，其使用标准制定的高低直接影响到客房产品质量水平的一致性。如果客房中的一次性牙刷和牙膏质量低劣，客人在使用这些劣质用品时就会对酒店整体的质量水平产生怀疑和不满。

5. 服务状态标准

指酒店针对给客人所创造的环境状态、设施使用保养水平提出的标准。例如，客房设施应保持完好无损，所有电器可以正常使用，卫生间 24 小时供应热水，地毯无灰尘和无霉变。

6. 服务态度标准

指对服务员提供面对面的服务时所应表现出的态度和举止礼仪做出的规定。例如，服务员须实行站立服务，接待客人时应面带自然微笑，站立时不得前倾后靠、双手叉腰以及搔头挖耳，当着客人面不得高声喧哗、吐痰、嚼口香糖等。

7. 服务技能标准

指客房服务员所应具备的服务素质和应达到的服务等级水平以及语言能力，规定服务人员所应具有的服务经验和所应掌握的服务知识，规定特定岗位上的服务人员能够熟练运用的操作技能。例如，一名客房清扫员应能在 30 分钟左右完成一间标准客房的清扫工作。

8. 服务语言标准

指酒店规定的待客服务中所必须使用的标准化语言。酒店在欢迎、欢送、问候、致谢、道歉等各种场合下要求员工使用标准语言。例如，规定服务中使用的敬语口诀："请"字当头，"谢谢"不断，见面"您好"，离别"再见"，得罪客人"对不起"，客人谢谢"没关系"等。同时，酒店也应明确规定服务忌语，如规定在任何时候不能回答客人说"不知道"。使用标准化语言可以提高服务质量，确保服务语言的准确性。

9. 服务规格标准

指酒店对各类客人提供服务所应达到的礼遇标准。例如，规定对入住若干次的常客提供服务时必须称呼客人姓名；对入住豪华套房的客人提供印有客人烫金姓名的信纸信封；在 VIP 客人的房间要放置鲜花、果篮。

10. 服务质量检查和事故处理标准

这是对前述服务标准的贯彻执行所制定的标准，也是酒店服务质量的必要构成部分。发生服务质量事故，酒店既要有对员工的处罚标准，也要有事故处理的程序和对客补偿、挽回影响的具体措施。

三、客房服务质量控制的主要环节

（一）准备过程的质量控制

在客人到店之前，各岗位做好充分准备工作，加强质量管理是保证服务质量的物质基础和前提条件，直接关系到整个服务过程的质量。

1. 精神准备

要求每个服务人员必须精神饱满，思想集中，着装整洁，规范上岗。必要时要事先了解客人的身份、生活习惯等，以便有针对性地提供服务。

2. 物质准备

其中包括前厅、客房、安全保卫等各方面的准备工作。保证客人一进店，就能提供满意的服务。例如，客房部要检查房间的设备是否齐全完好，房间是否整洁，布置是否美观、舒适，用品配备如何等，以确保客房质量标准。

（二）接待服务过程的质量控制

接待服务过程是客房服务全过程中的关键环节，其质量是客房服务质量最直接、最具体的体现。接待服务质量的高低，直接影响到客人的满意程度和酒店的声誉。接待服务过程的质量控制主要有以下两方面内容：

1. 严格执行接待服务规范，加强服务质量检查

客人到店入住后，服务人员必须严格按规范的标准方法和程序进行操作，为客人提供优质服务。各级管理人员要以服务质量标准为依据，加强对服务质量的监督和检查，如发现质量问题要及时纠正，加强控制。特别是对接待服务的关键部门、岗位或薄弱环节要实行重点的有效控制。

2. 搜集质量信息，分析产生质量问题的原因，尽快研究改进

（三）结束过程的质量控制

接待服务结束工作的质量控制，是客房服务全过程质量控制的最后一个环节。主要内容有：

1. 客人离店前的工作

（1）服务人员要主动、诚恳地征求意见，对服务质量不足之处要表示歉意。对一些未尽事宜或客人提出的要求和投诉，要尽可能给予补救和答复解决。

（2）掌握客人离店时间，认真核对客人账单，保证准确、及时结账，防止漏账。

（3）客人离店时，主动告别，并表示感谢，欢迎下次光临。

2. 客人离店后的工作

包括正确处理客人遗留、遗弃物品；做好新一轮的服务接待准备工作，以迎接下一批客人的到来。

四、提高客房服务质量的途径

（一）培养员工的服务意识

服务意识是客房部员工应具备的基本要求之一，也是提高服务质量的根本保证。

➢应做好客房部员工岗前及岗位培训，让员工树立规范操作、自检自查的岗位责任感。同时，客房部管理人员应制定严格的服务程序和操作规范，服务员在具备一定的服务意识前提下，全心全意为客人提供服务。

➢要树立“客人总是对的”的思想。要求员工“把对让给客人”，客人就是上帝。但“客人总是对的”并不意味着“员工总是错的”，管理人员应尊重员工，理解

员工。

➢应熟练掌握服务技能，增强应变能力。客人住店期间，除了会遇到各种常规问题外，还会经常遇到各种突发问题，是否能及时正确处理这些问题，让客人满意，则取决于员工是否具备一定的服务技能，是否有对客人任何合理要求做出反应的应变能力。

（二）为客人提供个性化服务

标准化、规范化的服务是从客人共性角度出发而制定的，是客房服务质量的基本要求，但每一位客人都具有自己的个性。因此，提供相应的个性化服务，才能提高客人的满意度。

通过设置客人意见表或定期拜访客人的方法来征求客人意见，是提供个性化服务的一个十分有效的途径。客人是最能发现客房服务中缺陷的，对服务质量也最有发言权。通过与客人的交流，可以了解客人的需求，增进双方的信任，也能发现酒店自身的不足，加以改进，从而提高客人对客房服务的满意度。

此外，还应处理好对客服务中的各种特殊情况。遇到刁难客人时，应细心观察，掌握客人性格和生活特点，分析客人刁难的原因，主动地提供服务，并注意保持冷静的态度，热情周到，以礼相待。遇到客人有伤心或不幸的事，心情不好时，应掌握客人的心理动态，尽量满足客人的要求，并且态度要和蔼，服务要耐心，语言要精练，对客人的不幸或伤心事，应以同情的态度，使用敬语安慰客人，但不要喋喋不休，以免干扰客人。遇到客人提出批评意见时，应虚心听取，诚意接受，在客人未讲完之前不要急于辩解。如果客人的批评是针对工作中的不足，要向客人表示歉意，并马上加以纠正；如果是因为客人误解而提出的意见，也应耐心细致地解释，争取客人的谅解，并向客人表示感谢。

（三）为客人提供针对性的服务

由于客人来自不同的国家，每一位客人都有不同的生活方式和习惯，对酒店的服务也有着不同的要求。这就要求客房员工要了解客人的需求特点，采取不同的服务方法，提供针对性的服务。

1. 观光型客人

主要以游览为目的，喜欢购买旅游纪念品，委托服务项目较多。针对这类客人，应重点做好以下各项服务：叫醒服务应准时，早上离店后应做好房间整理，晚上进店前应准备好开水，主动介绍当地风景名胜、特色餐饮、土特产品等。

2. 商务型客人

一般入住高档客房，消费水平较高，对设施设备要求较高，房间布置应有特色，工作时要求安静不被打扰。针对这类客人，应积极主动地为其提供优质的洗衣服务、美容美发服务、擦皮鞋服务、商务中心服务等。

3. 蜜月型客人

要求房间干净卫生，整齐、美观、恬静，对风景名胜和旅游纪念品比较感兴趣。针对这类客人，应为其安排蜜月房，按其要求或风俗习惯，布置好房间，举行婚礼时应送结婚纪念品，并组织员工表示祝贺。

4. 会议型客人

一般人数较多，活动集中且有规律。针对这类客人，为其安排房间时应集中，尽量安排在同一楼层的相邻房间，此外，会议期间要做好各项会议服务。

5. 疗养型客人

通常住店时间长，喜欢安静，外出活动有规律。针对这类客人，应尽量为其安排僻静的房间，主动询问是否需要房内用餐服务，客人休息时不要打扰他们，保持楼层和客房的安静。

（四）加强员工仪容仪表仪态与礼貌礼节的培训

礼节和礼貌是两个不同的概念。礼节是向他人表示敬意的一种仪式；礼貌是表示敬意的通称，是待人谦虚、恭敬的态度。礼节礼貌是搞好服务工作的一个重要方面，客房员工在日常工作中的礼节礼貌直接关系着酒店的服务质量和管理水平，以及员工的精神状态和文明程度。服务工作中的礼节礼貌贯穿于各个环节，与客房服务质量有关的培训内容主要有：问候用语、称呼礼节、应答礼节、言谈礼节等。

仪容仪表仪态培训主要包括：头、手、口腔、面部等仪容要求；工作服、工号牌、工作鞋、袜子、各种饰物等仪表要求；坐姿、站姿、走姿等仪态要求。

客房部员工日常服务中还应注意以下方面：记住客人的一些特殊要求，如客人要求每天早上 8：00 前清扫房间、客人需要 3 个枕头等，那么客人下次再入住，也应主动提供这种服务；客人在读书、写字、看报时，不可从旁窥视，滥发议论；在客人面前不要指手画脚，交头接耳；客人与他人谈话时，切勿随便插话从旁偷听；客人赠送礼物、纪念品，应婉言谢绝，如不能谢绝时，接受后立即上报；遇到服装奇异、举止特殊的客人，要尊重客人的个人爱好和风俗习惯，不可围观、嘲笑、议论、模仿或起外号；禁止大声喧哗、开玩笑、哼唱歌曲；在客人面前咳嗽、打喷嚏时，须转身用手帕把嘴捂住等。此外，还应搞好与酒店其他部门的沟通与协调。如前厅部、工程部、餐饮部、保安部、人力资源部、财务部等，客房部与这些部门之间的联系密切，需要相互理解和支持。

（五）服务过程中应坚持良好的客房服务基本原则

1. 个性化服务原则

个性化服务就是指在服务过程中尽量满足每一位客人的个性化需求。要做好个性化服务，完善的客房档案的建立是必不可少的。它要求酒店在服务过程中留心收集每一位住店客人在吃、住、行、游、购、娱等全方位的需求信息，有了这些信息，就可在接待方式、客房氛围、菜肴口味等各个细节方面满足客人的个性化需求，让每位再次光临的客人产生一种“受重视”的感觉，在心理上得到一种“受尊重”的满足感。

2. 人情化服务原则

服务工作的过程是客人和服务人员之间共同交流的过程，这个过程如果缺少感情的投入就会使客人与服务员之间产生一种距离感，使服务的满意率下降。做好人情化服务，要求服务人员在对客服务上突出感情的投入，强化把客人当家人、当朋友理解，处处为客人着想，时时为他们提供方便。使每一位到酒店的客人都能享受到“回家”的温馨。

3. 有形化服务原则

做好服务的有形展示，使酒店服务的价值表现于有形，可以增加酒店服务工作的透明度，使客人对酒店产生长久的信任感。例如，结账时提供详细的消费清单，菜肴食品的现场制作，精美的宣传图片等。服务工作的有形化，可以创造较好的消费气氛，增加销售。“凡是客人看到的都是整洁美观的，凡是提供给客人使用的都必须是安全有效的，所以员工对客人必须是热情友好的”，这是做好有形化服务工作的精髓。

4. 市场化服务原则

酒店与市场的连接点是客人的需求，有客人的需求才有市场。围绕客人的需求，通过提供让客人满意的服务来取得良好的效益是现代酒店的经营基础。所以，在服务中，必须有市场化的眼光。一切服务要围着客人的需求开展。目前，还有很多酒店从业人员的思想意识仍停留在产品观念时代，服务的眼光关注的是自身产品的完善而不是放在客户的需求上。当客人的需求超出酒店的服务程序和范围时，往往要求客人来适应酒店既定的服务模式而不是顺应客户做出他们满意的调整。服务必须以市场需求为导向，在日常生活服务中，只要不违背原则，可以提供“超常规服务”，尽量满足客人要求。“只有满意的客人，才会有满意的效益”，应作为每一位从事服务工作人员的正确理念来指导工作。

任务二十二 处理客人投诉

任务导入

安排学生深入酒店主要岗位对从业人员进行访谈交流。

微课 9：处理客人投诉

任务分析

通过完成该项任务，学生能够掌握如何处理客人投诉。

在酒店实际工作中，投诉是不可避免的，关键在于酒店要善于把投诉的消极面转化成积极面，不断提高服务质量，防止类似投诉的再次发生。处理投诉的目的是最大限度地降低因客人投诉而造成的伤害，最终使客人满意。

投诉是管理工作质量和效果的晴雨表，是提高服务质量的推动力。客人直接向酒店投诉，给酒店提供了挽回自身声誉的机会。因此，我们应正确认识投诉和处理投诉。

一、投诉的概念

顾客投诉是消费者针对酒店的产品质量、服务态度及设施设备等方面的问题表示不满，向酒店主管部门批评、抱怨或申诉，并要求得到酒店相应补偿的一种手段。

二、投诉的分类

（一）对服务人员的投诉

1. 服务员的服务工作未到位

2. 服务员在对客服务中态度不佳，给客人摆脸色

3. 服务技能不规范

（二）由客房产品引起的投诉

大致有三种原因的投诉：一是卫生不合格；二是房内物品配备不齐；三是噪声的投诉。

（三）设施设备的投诉

因部分设施设备老化，导致顾客无法体验到应有的服务。

（四）来自客人自身原因

客人来酒店消费，酒店就会尽量满足客人的任何要求。但由于客人的需求及价值观念不同，客人对酒店期望值比较高，对酒店的要求也许会超出实际，酒店的不满足就会使客人产生误会造成投诉。此外，也有客人蓄意的投诉。一是因为客人自己心情不好，想找一个发泄口来发泄他心中的怒气；二是想经过投诉来得到好处，要求酒店为自己的消费打折，但是这种情况一般是极少发生的。

（五）其他因素

1. 意外事件

这种投诉，是客房存在的潜在问题。例如，客人丢失物品。当然，这也是酒店管理的一种疏忽。

2. 可抗力因素

这类投诉一般情况下是极少发生的，主要包括酒店忽然停电、水管爆裂堵塞、发生火灾等。

三、投诉的特征

根据顾客的诉求，把投诉的特征归为：非典型投诉（发牢骚）、建设性投诉（建议）、批评性投诉（发泄）、控告性投诉（补偿）。

（一）非典型投诉

非典型投诉的特点是：客人提出问题比较随意，往往是随口说说。

例如，806房间的客人在前台对服务员讲："小姐，你们房间不错，周围环境也很好，就是房间有点冷。"这位客人的这些话不大像是告状，但我们仍然应该把它视为投诉。因为毕竟客人向我们传达了一种批评的信息。尽管他可能是随口而说，且并无怒气。次日，当他又一次来到前台时，客服走上前来对他说："先生，我们已把您对温度的意见转达给了客房部，他们在您的房间添加了取暖器，您觉得温度怎么样?"尽管客人只是说了声"谢谢，很好"，但他对这家酒店的信心已大为提高。这位客人算是留住了。

然而在当今酒店业，更大的一种可能性是：客人回到房间，包括温度在内的一切都是老样子，也没人向他解释什么。前台的员工们不记得他昨天说了什么，即使记得

也不会认为那是在投诉，因为他没有发脾气，也没有找经理，只不过随口说说，况且他还夸过房间和环境不错呢。

一般情况下，无论对哪种结果，客人都不会做出强烈的反应，但这些所闻所见却会形成一种积累，最终影响他的选择和决定。

（二）建设性投诉

建设性投诉的特点是：投诉人一般不是在心情不佳的情况下投诉的，恰恰相反，这种投诉很可能是随着对酒店的赞誉而发生的。

例如，赵先生是酒店的长住客人，这天早上他离开房间时，同往常一样，习惯性地和清扫房间的服务员聊上几句。他说他夫人和孩子今天就要从国外来看他了。他夫人以前曾住过我们酒店，印象非常好，而且凡是她有朋友到此地，大多都被推荐到这里来度假。赵先生说，她夫人唯一希望的是，酒店的员工能叫出她的名字，而不仅仅是夫人或太太，因为她的先生是酒店的长住客人，这样她会觉得更有面子。

当然，投诉的性质不是一成不变的，不被理睬的建设性投诉会进一步变成批评性投诉，进而发展成为控告性投诉，或是客人愤然离店，并至少在短期内不再回来。无论哪一种局面出现，对酒店来说，都是一种损失。

（三）控告性投诉

控告性投诉的特点是：投诉人已被激怒，情绪激动，要求投诉对象做出某种承诺。

例如，客人通过旅行者预定了 8 间套房，但因为该房型满了，销售员联系客人可以帮他们把其中的 4 间房间“升级”为豪单。但客人入住时发现“升级”的房间其实价值比他们原来预定的房间低，因而非常不满。他要求酒店处理有关人员，并赔偿他的损失。

四、投诉的影响

任何事物都是一把双刃剑，有利有弊，投诉也是如此。

（一）反面影响

1. 投诉使酒店的声誉受损

酒店接待的客人形形色色，性格迥异，不同的客人对同样的服务会有不同的反应。不论客人的投诉是酒店方面的原因还是客人自身的问题，这都表明酒店在这些方面做得不够完善，才会引起客人的不满。投诉会在一定程度上损害酒店在客人心目中的形象，影响酒店的声誉。

2. 造成酒店的客源流失

酒店是个公众性行业，在客人心中，酒店的形象是选择入住的首要条件。一旦出现投诉，酒店在客人心目中的形象将不再完美，并且有可能把这不完美的情绪带给周边的人，从而导致酒店失去这部分因投诉而流失的客源。

3. 影响了酒店的效益

酒店的目标就是取得一定的效益，这个效益包括经济效益和社会效益。

（1）酒店的经济效益。酒店的经济效益是指酒店投资的回报，获取最大的投资回报是任何一家酒店都追求的目标。客人投诉酒店，就意味着酒店在客人身上所做的投资回报将降低或是没有回报，这样就影响了酒店所追求的获取最大经济效益的目标。

（2）酒店的社会效益。酒店的社会效益是指酒店在经营管理过程中给社会带来的影响和贡献、社会对酒店的认可程度、酒店在社会上的形象等。当客人投诉酒店时，酒店的社会效益将得不到充分的发挥甚至影响了酒店在社会上所建立的形象。

（二）正面影响

1. 投诉是基层管理工作质量和效果的晴雨表，是提高基层管理质量的推动力

客人的投诉行为实际上是酒店基层管理质量的晴雨表。通过投诉，酒店可以及时发现自己发现不了的工作漏洞；可以鞭策酒店及时堵塞漏洞、对症下药，解决可能是长期以来一直存在着的严重影响酒店声誉的工作质量问题。即使是客人的有意挑剔、无理取闹，酒店也可以从中吸取教训，为提高经营管理质量积累经验，使制度不断完善，服务接待工作日臻完美。

2. 客人直接向酒店投诉，给酒店提供了挽回自身声誉的机会

客人在酒店消费过程中不满、抱怨、遗憾、生气动怒时，可能投诉，也可能不愿去投诉。不愿投诉可能有三个原因：一是不习惯以投诉方式表达自己的意见，他们宁愿忍受当前的境况；二是认为投诉方式并不能帮助他们解除、摆脱当前不满状况，得到自己应该得到的，认为投诉没有用；三是怕麻烦，认为投诉将浪费自己的时间，使自己的损失更大。这些客人尽管没有去投诉，但他们会在酒店通过其他途径宣泄自己的不满：或自我告诫，以后不再到该酒店消费；或向亲朋好友诉说令人不快的消费经历。而这一切，意味着酒店将永远失去这位客人，酒店就连向客人道歉的机会也没有了。向酒店投诉的人，不论原因、动机如何，都给酒店提供了及时做出补救、保全声誉、改善客人关系的机会。客人的投诉给酒店提供了一个使客人由不满意到满意的机会，加强了彼此的沟通，消除了对酒店的不良影响。

3. 处理好投诉可以改善客人与酒店的关系

研究表明："使一位客人满意，就可以招揽8位客人上门，如因产品质量不好惹恼了一位客人，则会导致25位客人从此不再登门。"因此，酒店要力求使每一位客人都满意。客人有投诉，说明客人不满意。如果这位客人不投诉或投诉没有得到妥善的解决。客人将不再入住该酒店。同时，也就意味着失去25位潜在客人。无疑，这对酒店是个巨大的损失。通过客人的投诉，酒店了解到客人的不满意，从而为酒店提供了一次极好的机会，妥善处理好客人的投诉，可以消除客人对酒店的不良影响，减少了负面宣传。

目前，随着自媒体的广泛应用，口碑效应已经以几何级数传播，酒店十分重视客人在网络媒体或社交平台上对酒店入住体验的评价。因此，酒店应当通过优质高效的服务来赢得客人的好评。

4. 处理好投诉有助于酒店发现问题、积累经验

客人的投诉，可以帮助酒店管理者发现酒店服务与管理中存在的问题与不足。酒店的问题是客观存在的，但管理者不一定能发现，原因之一是"不识庐山真面目，只缘身在此山中"。而客人则不同，他们是酒店产品的直接消费者，对酒店服务中存在的问题有切身体会和感受。因此，客人可以帮我们发现不足，积累酒店处理投诉的经验。

5. 处理好投诉有利于酒店改善服务质量，提高管理水平

酒店可以通过客人的投诉不断地发现问题、解决问题，进而改善服务质量、提高管理水平。处理好客人的投诉，能直接提高客人的满意度和酒店的美誉度。

五、如何更好地处理投诉

如何更好地处理投诉？这是酒店发展至今一直在寻求的答案。客人的投诉变化多样，层出不穷。在众多的解决方案中没有一种是为某类投诉而特定的，处理投诉只有靠经验临场发挥。所以，处理投诉的方法要讲求灵活的处理方式，因人因时而定。具体的方法如下。

处理投诉

（一）以正确的态度受理投诉

客人之所以前来投诉，一般是客人在接受服务的过程中受到了不公正的待遇。客人前来投诉，是给酒店提建议，如果忽视，就是忽视了维护客人的权利，也忽视了酒店提高管理水平的机会。因此，无论怎样我们都要对前来投诉的客人持欢迎态度。

（二）不打断客人的投诉，认真倾听，适当地对客人表示理解与同情

应让客人把话说完，切勿胡乱解释或随便打断客人的讲述。酒店员工处理客人投诉时，不要理解为对个人的指责，急于去争辩和反驳。处理投诉的人员要保持镇定、冷静，认真倾听客人的意见，要表现出对对方的高度重视与礼貌。处理客人投诉时，要用真诚、友好、谦和的态度，全神贯注地聆听、虚心接受，不要打断客人，更不能反驳和辩解。在适当的时候对客人表示理解和同情，在潜意识下降低客人心中的怒火。

（三）边听边做好记录

认真听取客人投诉的同时要认真做好记录。一方面表示酒店对他们投诉的重视，另一方面也是酒店处理问题的原始依据。记录包括客人投诉的内容、时间、客人的姓名等。尤其是客人投诉的要点，讲的一些细节，要记录清楚，并适时复述，以缓和客人的情绪。这不仅是快速处理投诉的依据，也是为以后服务工作的改进做铺垫。

（四）投其所好，抓住客人投诉的心态

要处理好客人的投诉，就要掌握客人投诉的三种心态。一是求发泄。客人在酒店遇到令人气愤的事，不吐不快，于是前来投诉。二是求尊重。无论是软件服务，还是硬件设施，出现问题，在某种意义上都是对客人不尊重的表现，客人前来投诉就是为了挽回面子，求得尊重（有时，即使酒店方面没有过错，客人为了显示自己的身份或与众不同或在同事面前“表现表现”，也会投诉）。三是求补偿。有些客人无论酒店有无过错，或者问题是大是小，都有可能前来投诉。其真正目的并不在于事实的本身，也不在于求发泄或者求尊重，而在于求补偿，尽管他们一再强调“并不是钱的问题”。因此，在处理客人投诉时，要正确地理解客人的意思，尊重客人，给客人发泄的机会，不要与客人进行无谓的争辩。如果客人投诉的真正目的是求补偿，处理者则要看自己有无权利给予其补偿。如果没有这样的授权，就要请上一级管理人员出面处理客人的

投诉。

（五）要有足够的耐心

客人讲话或大声吵嚷时，酒店员工要表现出足够的耐心，绝不能随客人的情绪波动而波动，不得失态。即使遇到一些故意刁难、挑剔、无理取闹的客人，也不应与之大声。

（六）尝试角色调换，从不同角度考虑问题

一方面，客人在采取了投诉行动后，都希望别人认为他的投诉是正确的，他们是值得同情的。另一方面，客人前来投诉时，对酒店的工作人员都会有一种戒备心理，因为他们往往认为，酒店的工作人员是酒店利益的代表。针对客人的这种心理，酒店工作人员要把投诉的客人看作是一种需要帮助的人，这样才能营造解决问题的气氛。角色调换方法，即酒店人员以自己的一系列实际行动和话语，使客人感到酒店的有关部门和人员是尊重和同情客人的，是站在客人的立场上真心实意地帮助客人的，从而把不满的情绪转换为感谢的心情。

（七）树立"客人总是对的"的信念

作为一名服务员，一个服务工作者，要知道顾客是上帝，要树立"客人总是对的"的信念。一般来说，客人来投诉，说明服务和管理有问题。因此，首先要替客人着想，一切以客人的方向作为思考点。换一个角色想一想：如果你是这位客人，在酒店遇到这种情况时，你是什么感受？更何况，酒店业乃至整个服务业都在提倡"即使客人错了，也要把'对'让给客人"。只有这样，才能减少与客人的对抗情绪。这是处理好投诉的关键。

（八）兼顾顾客和酒店双方的利益，迅速处理投诉

迅速处理投诉，及时采取补救或补偿措施，并征得客人同意。客人的投诉最终是为了解决问题。因此，对于客人的投诉不要推卸责任，应区别不同情况，积极地想办法解决，并征得客人的意见后做出处理。为了避免处理投诉时自己陷入被动局面，不要随意做出决定或是否定，一定要给自己留后路，也不要对客人做出任何自己权利以外的承诺，以免落下把柄。

对投诉的最有效的处理方法最终还是要因人而异，不管如何去处理解决，我们要做到的就是争取使每位投诉者都满意。

总之，就现代世界酒店业的发展状况来分析，酒店出现投诉属于正常现象。基于酒店本身就是一个经营复杂的行业，而且在酒店消费的客人的需求也存在着巨大的差异，投诉不能避免。投诉的出现对于酒店的发展具有推动作用，它可以帮助酒店取得更好的经营效果。但从另一方面来看，出现投诉就代表着酒店还存在着问题，酒店的管理还不够完善，这对酒店的发展有害而无益。作为一位酒店工作者或是学习酒店管理的人来说，都要正确地认识投诉，找出投诉产生的原因，完善酒店的管理模式。只有这样，才能使酒店在这个竞争残酷的时代立于不败之地。

课后习题

一、填空题

投诉的类型主要包括：对__________的投诉、由客房产品引起的投诉、

__________的投诉和来自客人自身原因的投诉。

二、简答题

如何提升酒店客房部的服务质量？

三、实操题

以小组为单位，选取客房部典型案例（硬件投诉/软件投诉），分角色表演案例，并进行案例分析及总结，拍摄小视频上交。

四、案例分析

一天中午，住在1818房间的客人回到房间，发现客房的卫生还没有打扫。客人有些不满意地找到服务员说："我都出去半天了，怎么房间卫生还没有打扫？"服务员对客人说："您出去的时候没有将'请即打扫'的牌子挂在门外。"客人说："看来倒是我的责任了。那么现在就打扫卫生吧，过一会儿我还要休息。"于是，服务员马上为1818房间打扫卫生。

第二天早晨，客人从房间出去时，把"请即打扫"的牌子挂在了门外的把手上。中午客人回来后，客房卫生仍然没有打扫。这位客人又找到这名服务员说："昨天中午我回来的时候我的房间还没有清扫，你说是因为我出去的时候没有把'请即打扫'的牌子挂上，今天我出去时把牌子挂上了，可是我现在回来了，还是没搞卫生。这又是什么原因呢？"这名服务员又用其他的理由辩解：一名服务员一天要清扫十几间房，得一间一间地清扫，由于比较忙，没注意到挂了"请即打扫"的牌子……客人问："你工作忙，跟我有什么关系，挂'请即打扫'的牌子还有什么意义？"服务员还要向客人解释。客人转身向电梯走去，找到大堂经理投诉。

事后，这名服务员受到了客房部的处理。

案例评析：

在这个案例中，服务员之所以遭到客人投诉，主要有以下几个原因：

第一，客人前一天找到服务员，问为什么没有搞卫生，服务员的回答就存在问题。服务员应先向客人表示歉意并及时清扫，同时还应告知客人"明天我们一定尽早给您清扫房间"，并及时通知领班做好记录，以便及时跟进落实，避免第二天同样情况再次出现。而不应该说是客人出去时没有把"请即打扫"的牌子挂在门上。如果这样说了，那就表示自己没有责任了，反而倒成了客人的责任。其实客人挂牌与不挂牌，只是清扫的先后与急缓不同。但除了确认客人上午出去后中午不会回房外，服务员都应当在中午前将房间清扫完毕。

第二，服务员在工作中没有按照规定的工作程序操作。服务员在每天早晨开始工作时，应首先了解住客情况，检查有无挂"请即打扫"牌子的房间，以确定客房的清扫顺序。从第二天的情况看，服务员根本没有按照工作程序操作，只是按房间顺序清扫，自己工作起来方便。另外，跟客人讲自己一天负责清扫多少间房子，要一间一间地清扫，就更是没有道理，那不关客人的事。如果这是理由，不管有什么情况都是按自己的方法一间一间地清扫，那么客人提出的要求和"请即打扫"的牌子以及工作程序就失去作用了。

第三，服务员在任何时候都不要将责任推给客人，客人并不想知道你的原因，他们要的是你的行动和结果。否则，客人会因此失去对饭店的信任。如果说服务员第一天不知道，那么，是自己告诉客人挂上牌子，第二天客人挂了牌子而服务员依然不去理睬，说明服务员对客人说的话根本就没往心里去。客人的要求既没向领班汇报，也没有做记录，服务员是不负责任的。给客人的感觉就是在敷衍，是对客人的戏弄。

从表面看，这名服务员说话的语气和方式也存在问题，总是解释、强调自己的理由。其实关键是缺乏宾客意识。服务业是依靠顾客生存的，要始终以顾客为本。不从根本上转变观念，类似的投诉会更多。在客人失去对饭店的信任后，饭店就会失去客人。

附 录

附录1 酒店客房部职位中英文对照

客房部（管家部）	Housekeeping Department
客房总监	Director of Housekeeping
行政管家	Executive Housekeeper
行政副管家	Assistant Executive Housekeeper
房务中心文员	Room Service Clerk
楼层主管	Floor Supervisor
楼层领班	Floor Captain
客房服务员	Room Attendant
洗衣房经理	Laundry Manager
公卫主管	PA Supervisor
洗衣房主管	Laundry Supervisor
布草主管	Uniforms Supervisor
服务中心领班	Service Center Captain
公卫领班	PA Captain
水洗领班	Laundry Captain
干洗领班	Dry Clean Captain
布草领班	Uniforms Captain
仓管员	Store Man
清洁工	P. A. Man
客房服务员	Room Attendant
缝纫工	Seamstress
熨烫工	Presser
洗涤工	Washer

附录 2 酒店房间物品中英文对照

牙刷	Tooth Brush
牙膏	Tooth Paste
梳子	Comb
体重秤	Weight Scale
水龙头	Water Tap/ Faucet
浴帘	Shower Curtain
剃须刀	Razor
卷纸	Tissue Paper
订书机	Staple
透明胶	Tape
灭火器	Extinguisher
搅拌棒	Stir
咖啡机	Coffee Machine/Coffee Maker
文件夹	File Folder
明信片	Post Card
地灯	Floor Lamp
开关	Switch
拖鞋	Slipper
鞋拔	Shoe Horn
擦鞋纸	Shoeshine Paper
衣架	Hanger
床头柜	Bedside Table
床垫	Mattress
婴儿床	Crib
床罩	Bedspread
枕头	Pillow
枕套	Pillow Case
海绵枕头	Foam pillow
羽毛枕头	Feather pillow
被子	Duvet/Quilt
被单	Sheet
毯子	Blanket
地毯	Carpet
闹钟	Clock
茶几	Tea Table

保险箱	Safety Box
冰桶	Ice Bucket
火柴	Matches
烟灰缸	Ashtray
针线包	Sewing Kit
电视柜	TV Cabinet
遥控器	Remote Control
空调	Air-Conditioner
壁橱	Closet
冰箱	Refrigerator
微波炉	Microwave
抽屉	Drawer
垃圾桶	Garbage Can/ Rubbish Bin
防滑垫	Anti-slip Mat
浴帽	Shower Cap
灯罩	Lamp Shade
穿衣镜	Full Length Mirror
化妆镜	Beauty Mirror
写字台	Writing Desk
走火图	Escape-Plan
窥视镜	Spy-Hole
烟感器	Smoke-Detector
棉签	Q-tip
喷头	Shower Head
护发素	Hair Conditioner
洗发露	Shampoo
沐浴露	Body Wash
润肤乳	Body Lotion
行李架	Luggage Rack
擦鞋油	Shoe Polish
礼品袋	Gift Bag
打火机	Lighter
购物袋	Shopping Bag
浴室	Bathroom
沙滩袋	Beach Bag
浴缸	Bathtub
洗衣袋	Laundry Bag
抽水马桶	Toilet
洗手盆	Sink/Basin

花瓶	Vase
浴巾架	Towel Rack
多功能插座	Adapter
充电器	Charger
熨斗，熨板	Iron & Ironing Board
浴巾	Bath Towel
中巾/手巾	Hand Towel
方巾	Face Towel
吹风机	Hair Dryer
指甲剪	Nail Scissors
地巾	Floor Mat
服务指南	Service Direct
浴袍	Bath Robe
网线	Internet Cable
皂碟	Soap Dish
尺子	Ruler
香皂	Soap
胶水	Glue
橡皮	Eraser
漱口水	Mouth Wash

附录3 客房常见英语情景模拟对话

3-1 Dialogue：Making up the room（清扫房间）

Staff：(Knocking at the door three times) Housekeeping，may I come in?

Guest：Yes，please.

Staff：I'm sorry to interrupt you，sir and madam. But I would like to clean the room. May I do your room now?

Guest：Thank you. I'm waiting for some of my friends. Can you finish your cleaning in half an hour.

Staff：I got it，sir.

Guest：Very well. Thank you. I wonder why you didn't make up my room earlier in the past two days.

Staff：Sorry，sir. We always do the check-out room first，unless there is a request.

Guest：Would you mind explaining the check-out rooms? What are they?

Staff：Everyday，there are a lot of guests check out and leave the hotel. The rooms they stayed in are called check-out rooms. We have to get these rooms ready for sale by the Front Office.

Guest：Yes，I see. Can you make up our rooms earlier on requests?

Staff：Yes，we always make up rooms earlier on request. You can put the other side of your DND handle on the knob of the door.

Guest：Thank you.

Staff：I hope you enjoy your stay in our hotel. Good-bye.

Guest：Good-bye.

3-2 Dialogue：Turn-down service（开夜床服务）

Staff：(Knocking at the door three times) Good evening，sir. May I do the turn-down service for you?

Guest：Oh，no. I'm expecting my friends for a drink before going to a night club. Can you do it later?

Staff：Certainly，sir. What time would it be convenient for you?

Guest：Could you come one hour later? Would you like to tidy up a bit in the bathroom first? I have just showered. It's quite a mess.

Staff：Yes，sir. I'll clean the bathroom and replace some fresh towels. Shall I draw the curtains for you，sir?

Guest：Yes，please.

Staff：Anything else I can do for you?

Guest：Please bring me a few more cups and some tea.

Staff：I will bring them right away. （The maid cleans the bathroom and return with some fresh towels，some tea and tea cups.）Here are your cups and tea. I'll provide turn-down service one hour later. Good-bye.

Guest：Good-bye.

附录 4 客房部工作参考流程图

附录 4-1 楼层服务工作流程

1. 迎送服务流程

2. 接待 VIP 流程

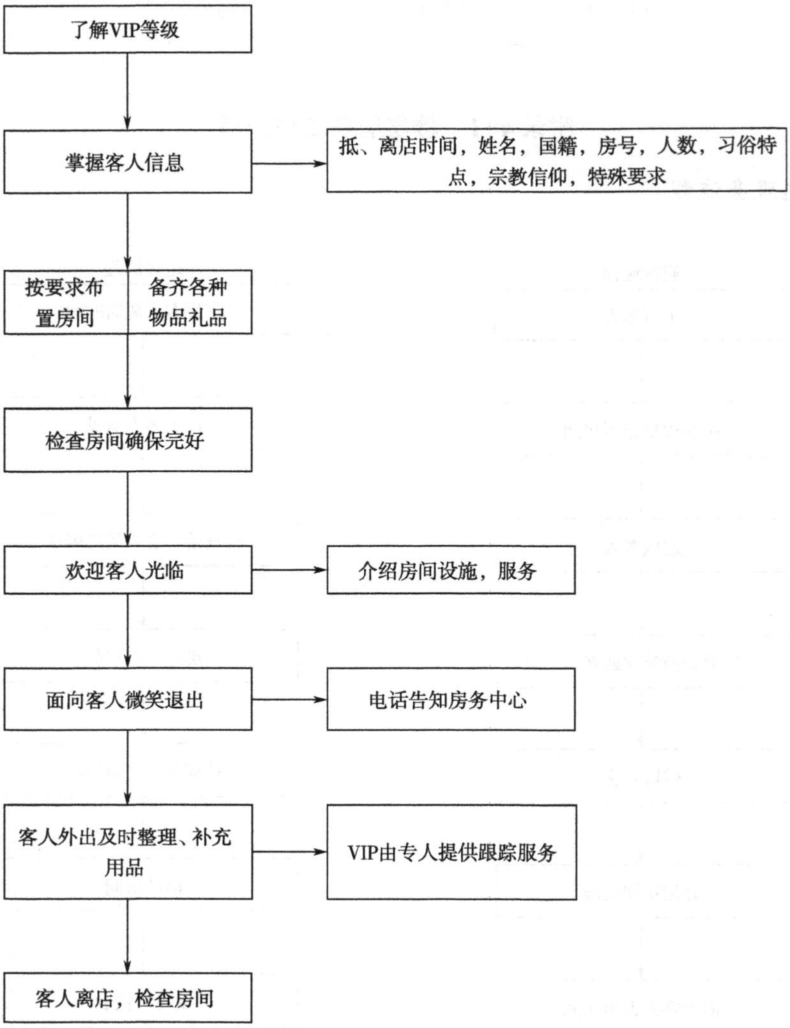
了解VIP等级
掌握客人信息
抵、离店时间，姓名，国籍，房号，人数，习俗特点，宗教信仰，特殊要求
按要求布置房间
备齐各种物品礼品
检查房间确保完好
欢迎客人光临
介绍房间设施，服务
面向客人微笑退出
电话告知房务中心
客人外出及时整理、补充用品
VIP由专人提供跟踪服务
客人离店，检查房间

3. 客房清洁流程

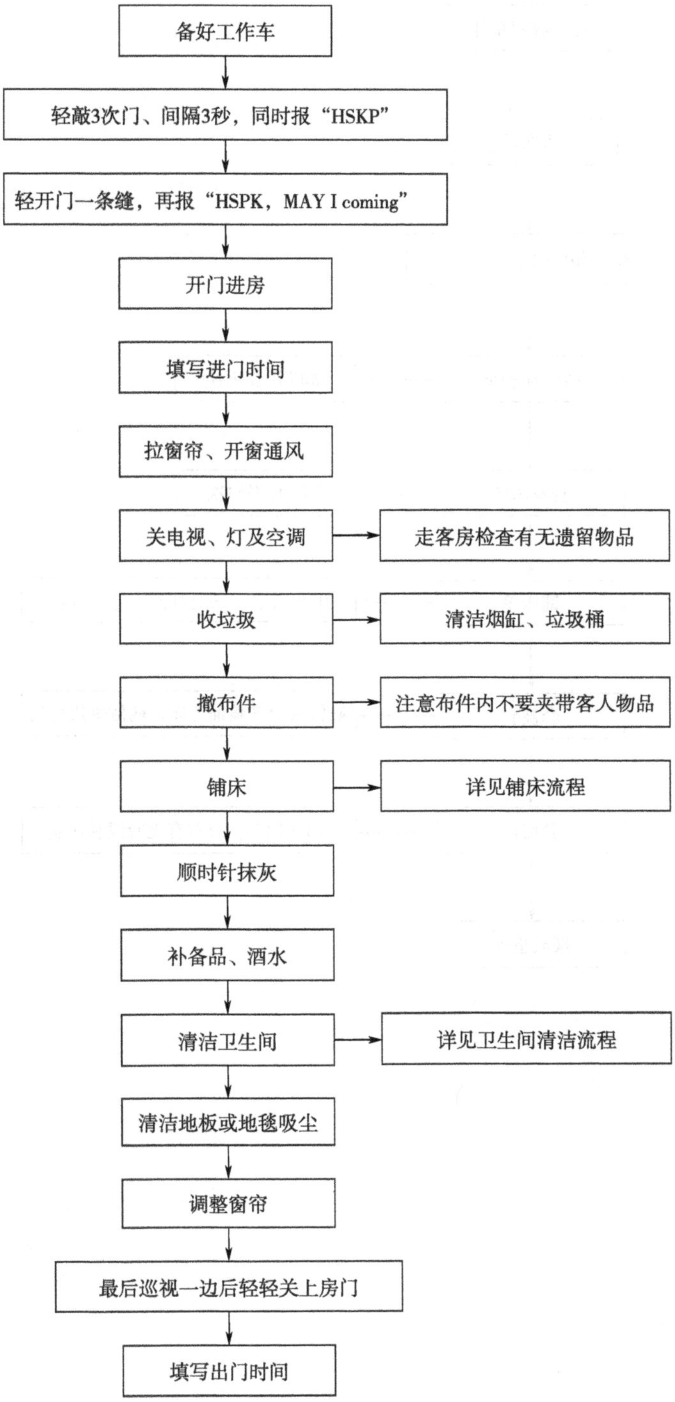
备好工作车
轻敲3次门、间隔3秒，同时报“HSKP”
轻开门一条缝，再报“HSPK，MAY I coming”
开门进房
填写进门时间
拉窗帘、开窗通风
关电视、灯及空调
走客房检查有无遗留物品
收垃圾
清洁烟缸、垃圾桶
撤布件
注意布件内不要夹带客人物品
铺床
详见铺床流程
顺时针抹灰
补备品、酒水
清洁卫生间
详见卫生间清洁流程
清洁地板或地毯吸尘
调整窗帘
最后巡视一边后轻轻关上房门
填写出门时间

4. 铺床流程

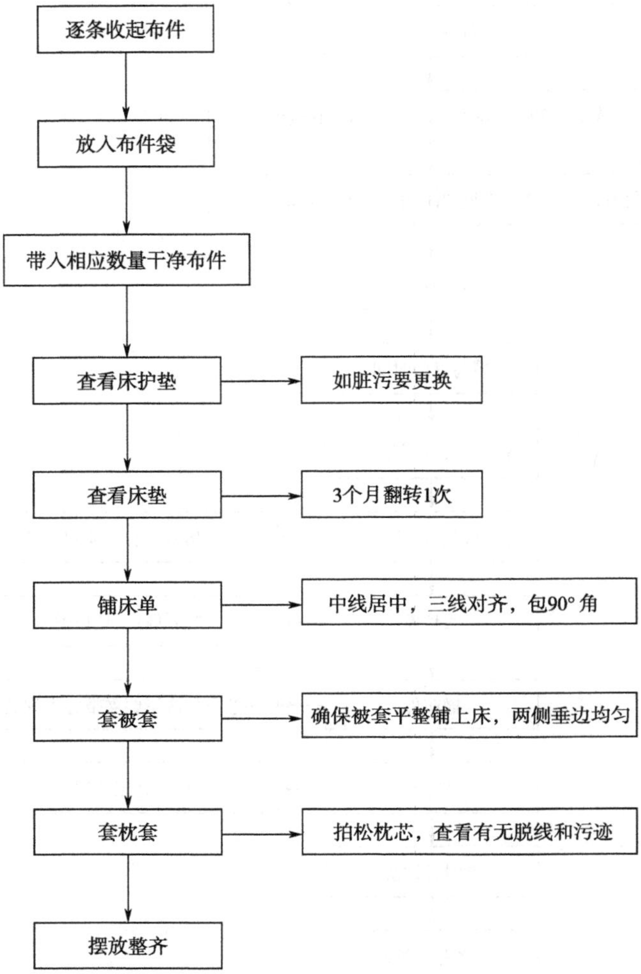
逐条收起布件
放入布件袋
带入相应数量干净布件
查看床护垫
如脏污要更换
查看床垫
3个月翻转1次
铺床单
中线居中，三线对齐，包90° 角
套被套
确保被套平整铺上床，两侧垂边均匀
套枕套
拍松枕芯，查看有无脱线和污迹
摆放整齐

5. 卫生间清洁流程

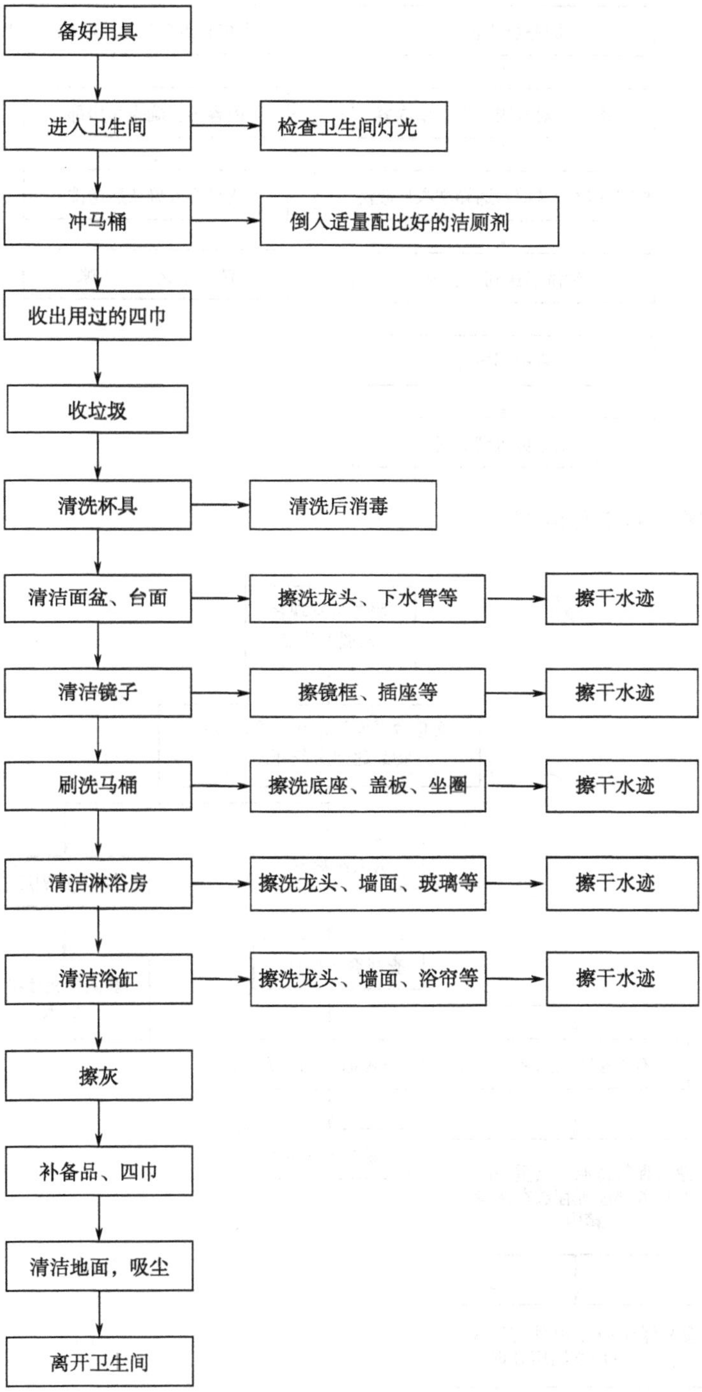

备好用具
进入卫生间
检查卫生间灯光
冲马桶
倒入适量配比好的洁厕剂
收出用过的四巾
收垃圾
清洗杯具
清洗后消毒
清洁面盆、台面
擦洗龙头、下水管等
擦干水迹
清洁镜子
擦镜框、插座等
擦干水迹
刷洗马桶
擦洗底座、盖板、坐圈
擦干水迹
清洁淋浴房
擦洗龙头、墙面、玻璃等
擦干水迹
清洁浴缸
擦洗龙头、墙面、浴帘等
擦干水迹
擦灰
补备品、四巾
清洁地面，吸尘
离开卫生间

6. 收送客衣操作流程

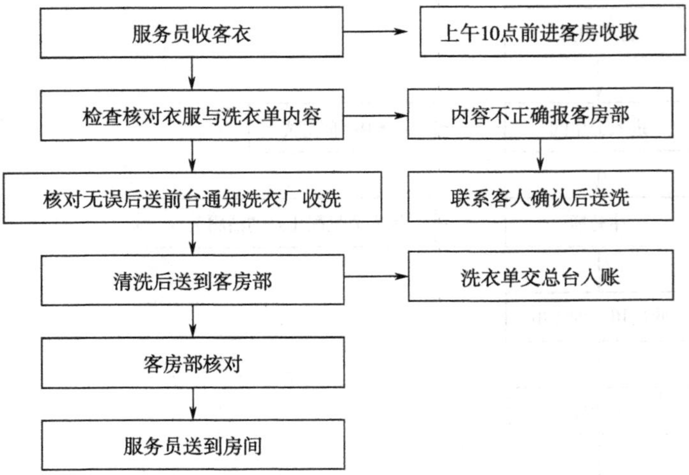

7. 客房遗留物品操作流程

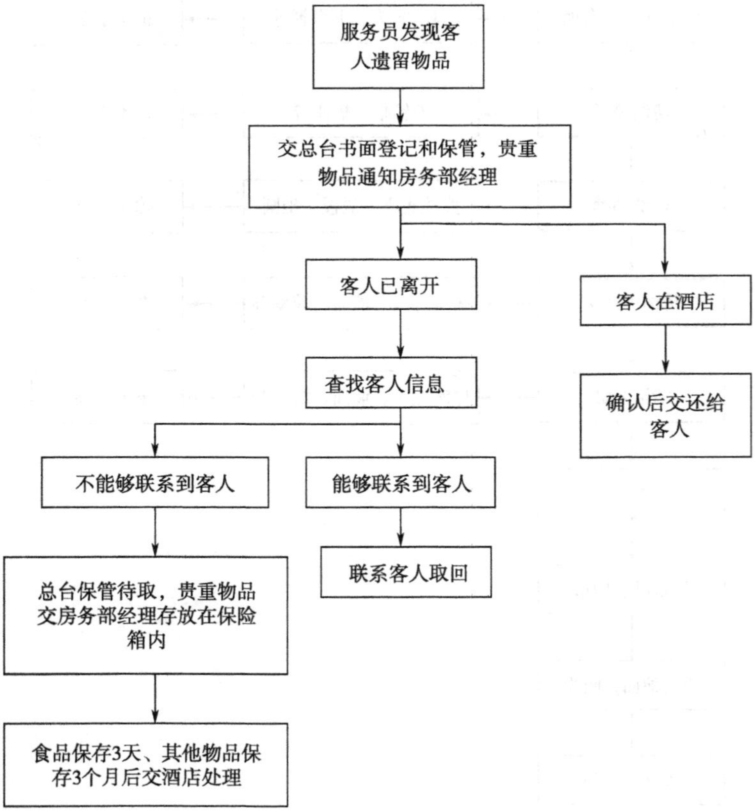

8. 报修流程

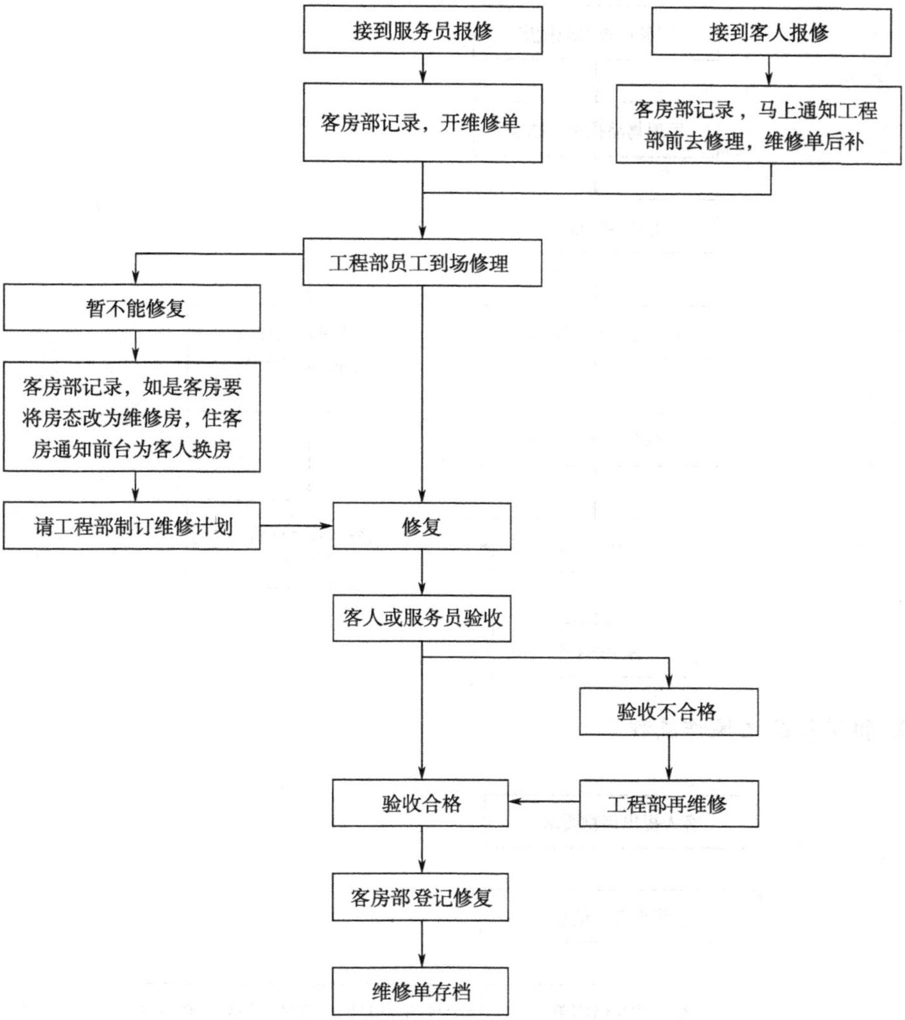
接到服务员报修
接到客人报修
客房部记录，开维修单
客房部记录，马上通知工程部前去修理，维修单后补
工程部员工到场修理
暂不能修复
客房部记录，如是客房要将房态改为维修房，住客房通知前台为客人换房
请工程部制订维修计划
修复
客人或服务员验收
验收不合格
验收合格
工程部再维修
客房部登记修复
维修单存档

9. 客房物品赔偿之流程

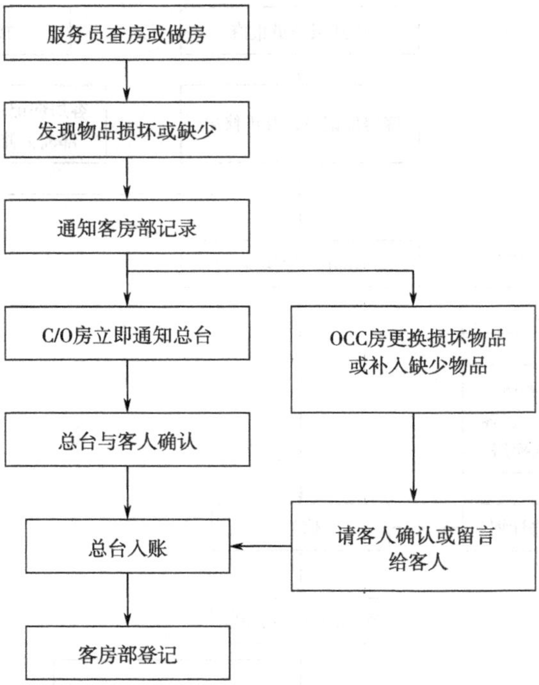

10. 租借物品之操作流程

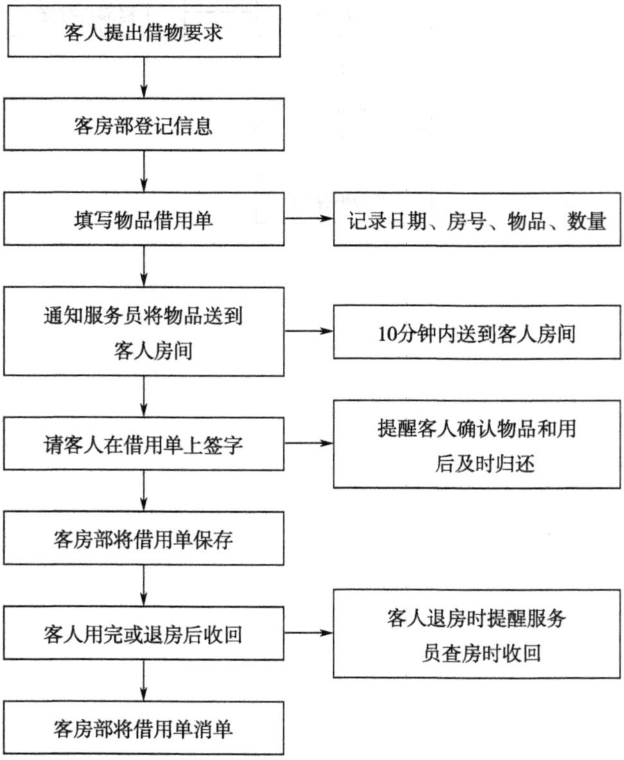

11. 长住客 C/I 之操作流程

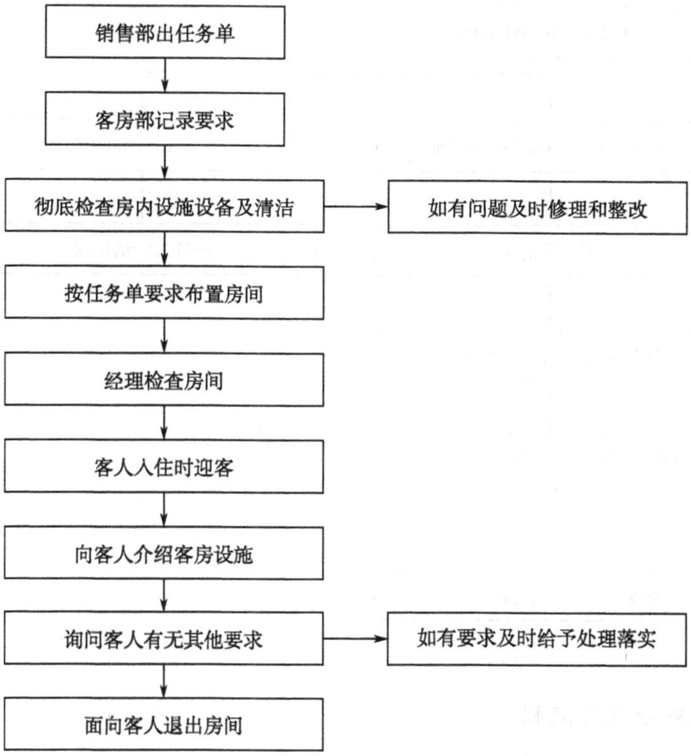

12. 长住客 C/O 之操作流程

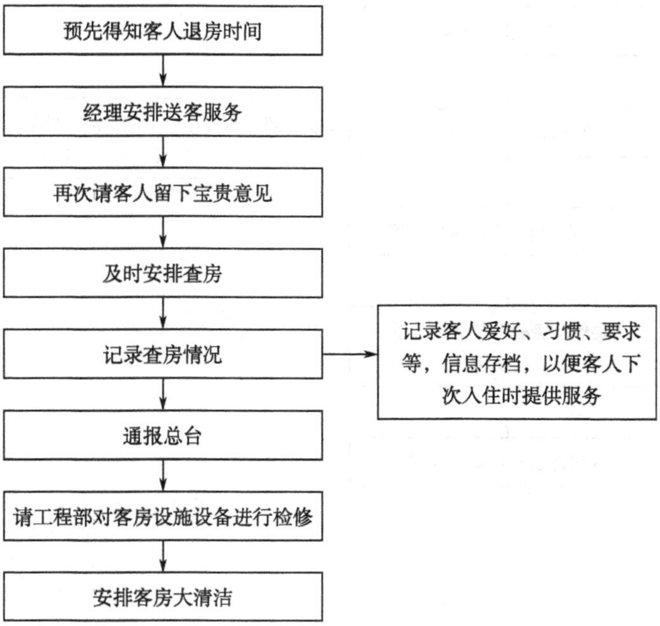

13. DND 客房操作流程

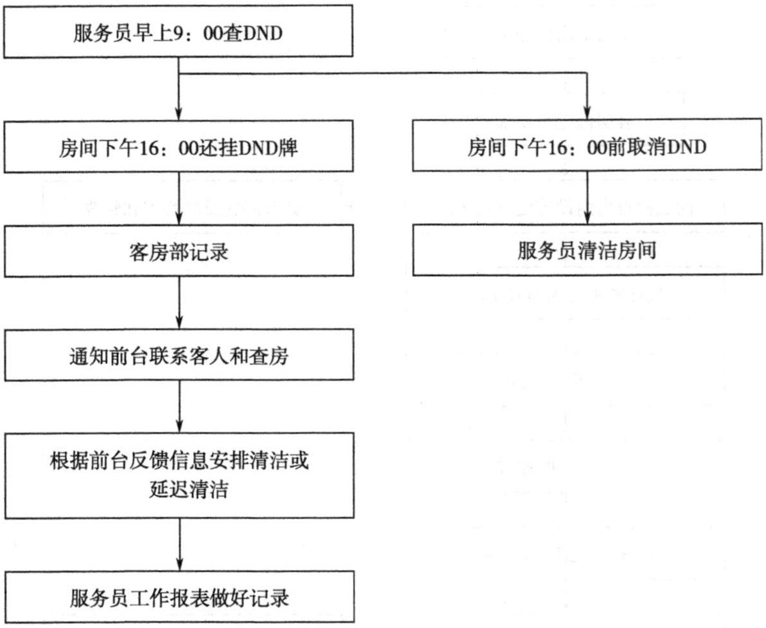

14. 公安通缉令操作流程

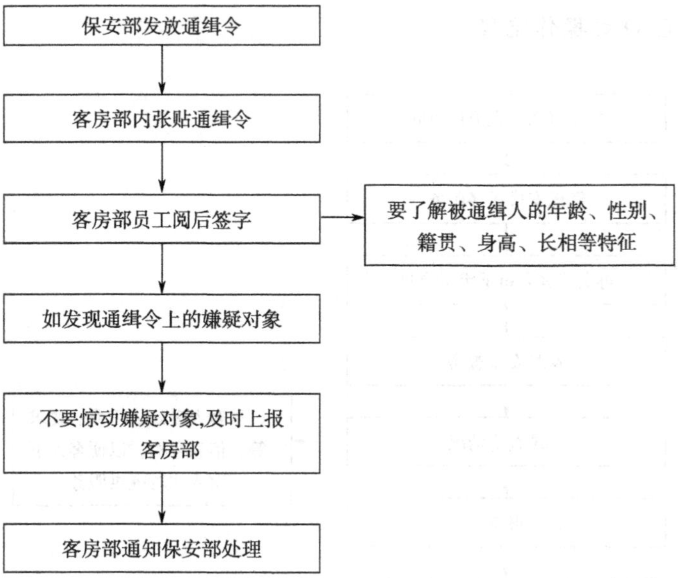

15. 报洗客房地毯操作流程

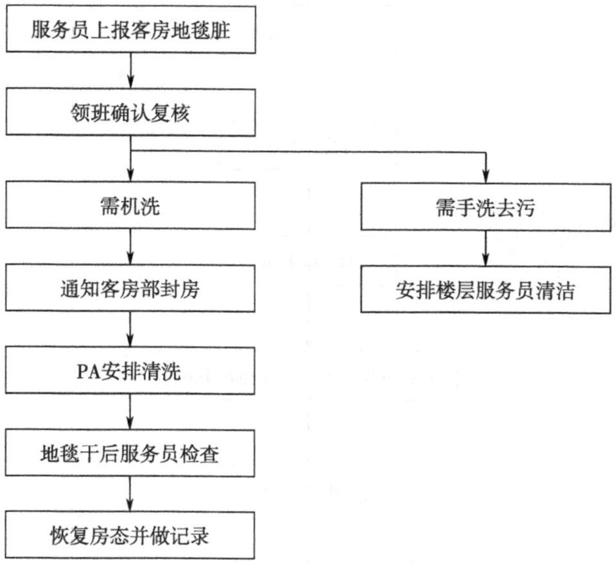

16. 擦鞋服务流程

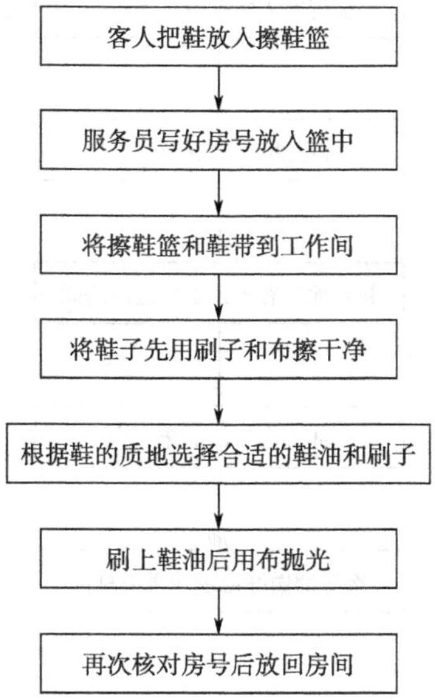

17. 加床服务流程

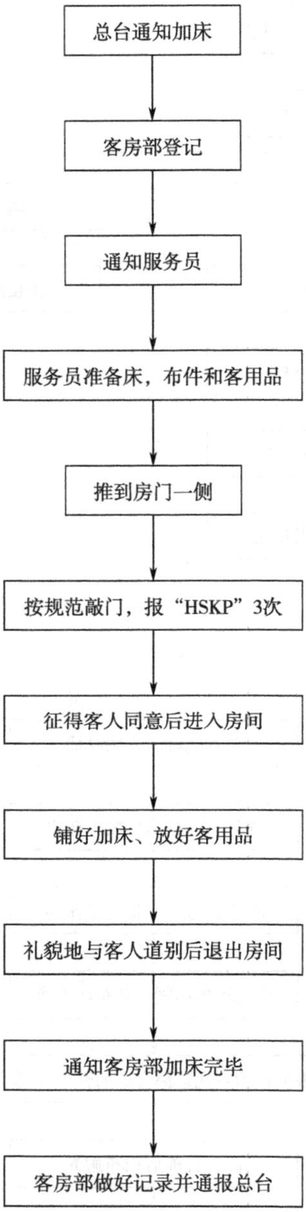
总台通知加床
客房部登记
通知服务员
服务员准备床，布件和客用品
推到房门一侧
按规范敲门，报“HSKP”3次
征得客人同意后进入房间
铺好加床、放好客用品
礼貌地与客人道别后退出房间
通知客房部加床完毕
客房部做好记录并通报总台

18. 开夜床服务流程

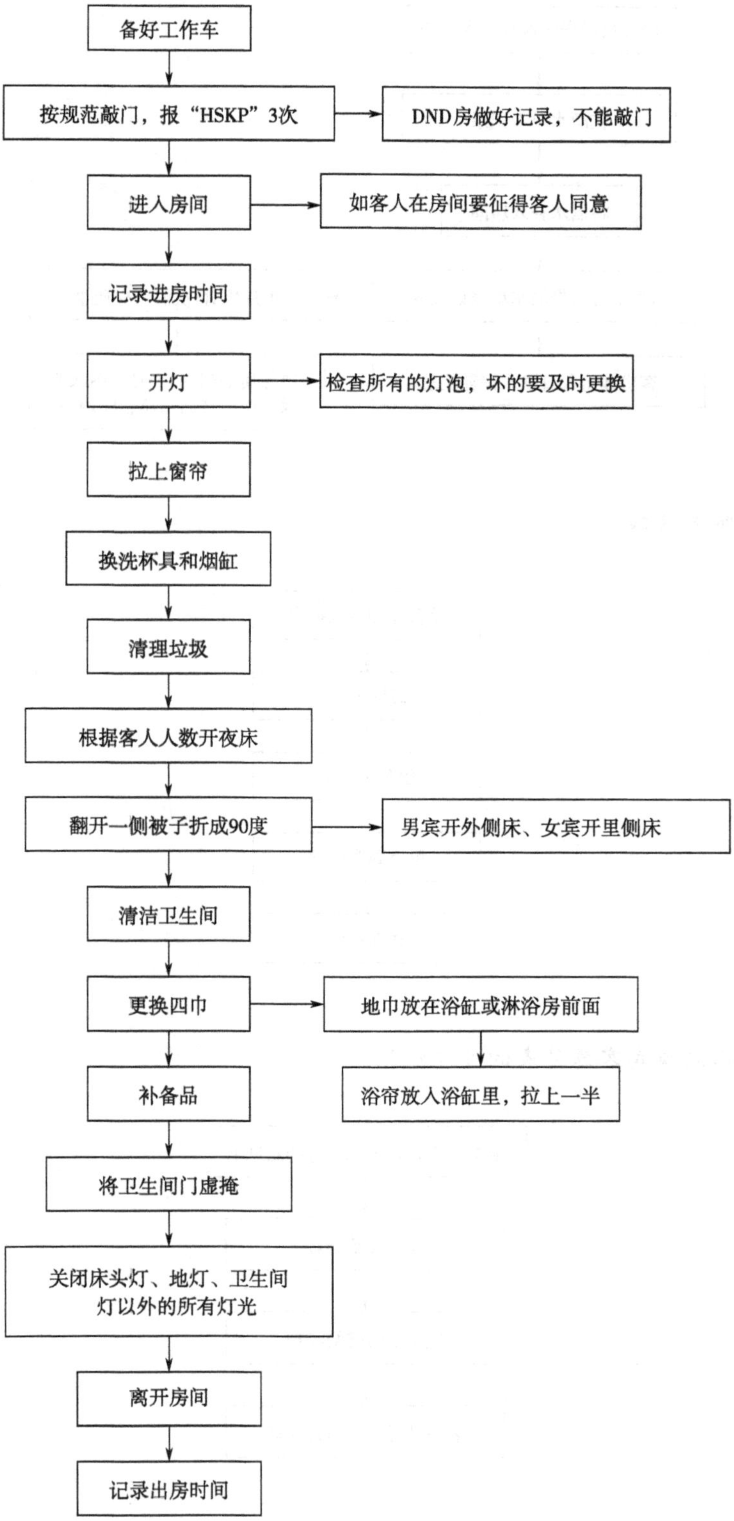
备好工作车
按规范敲门，报“HSKP”3次
DND房做好记录，不能敲门
进入房间
如客人在房间要征得客人同意
记录进房时间
开灯
检查所有的灯泡，坏的要及时更换
拉上窗帘
换洗杯具和烟缸
清理垃圾
根据客人人数开夜床
翻开一侧被子折成90度
男宾开外侧床、女宾开里侧床
清洁卫生间
更换四巾
地巾放在浴缸或淋浴房前面
浴帘放入浴缸里，拉上一半
补备品
将卫生间门虚掩
关闭床头灯、地灯、卫生间灯以外的所有灯光
离开房间
记录出房时间

19. 补酒水服务流程

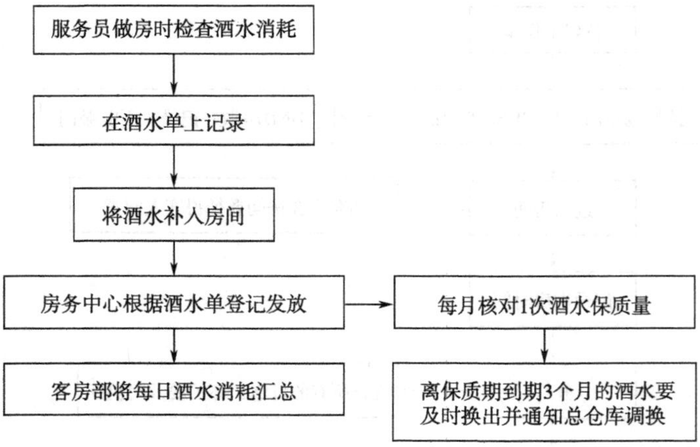

20. 换房服务流程

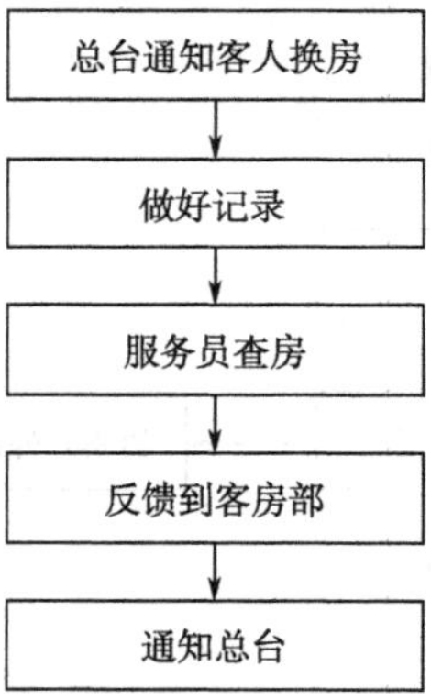

21. 房间内发现宾客意见表的处理流程

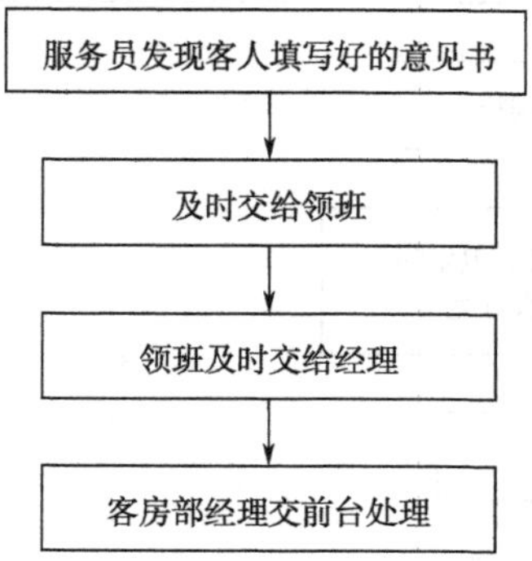

22. VC 房清洁流程

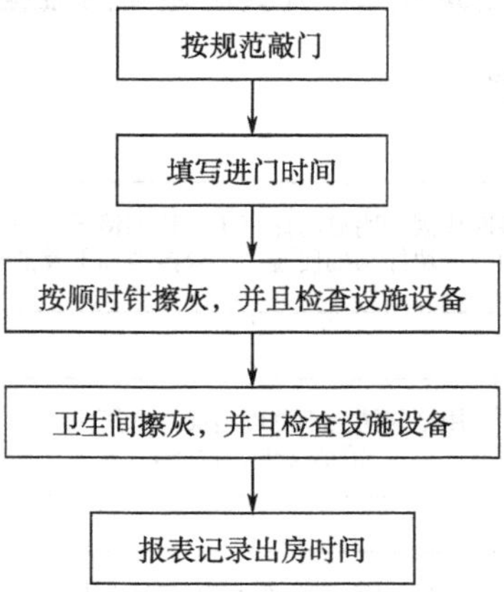

23. 客房冰箱清洁流程

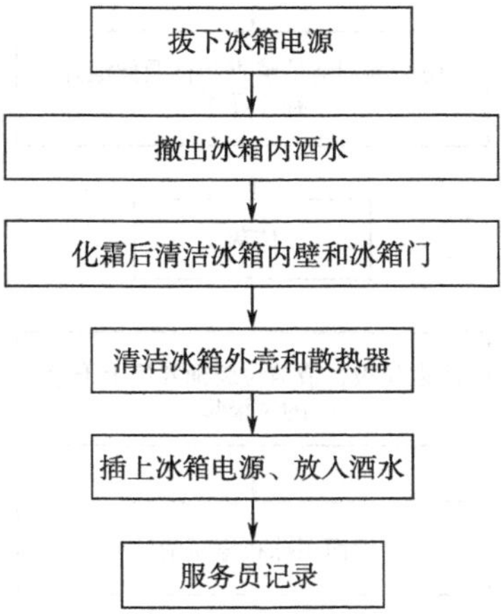

24. 客房钥匙领还流程

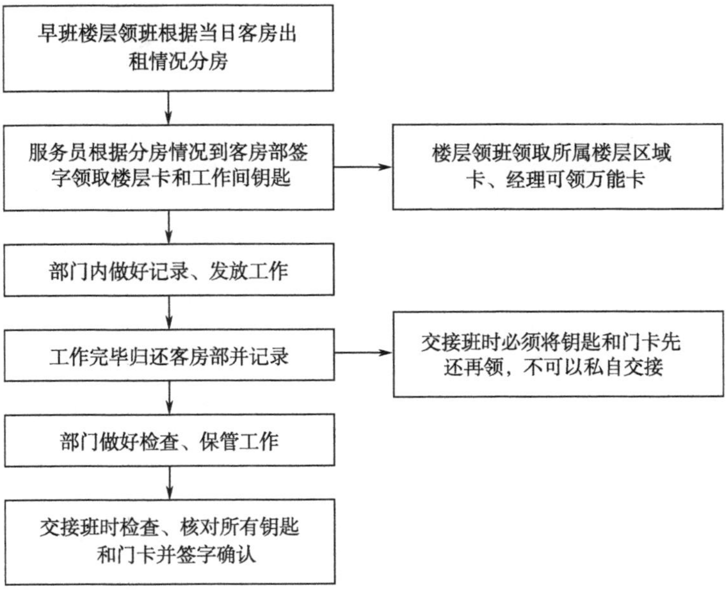

附录 4–2　公共区域清洁流程

1. 公共客厕清洁工作流程

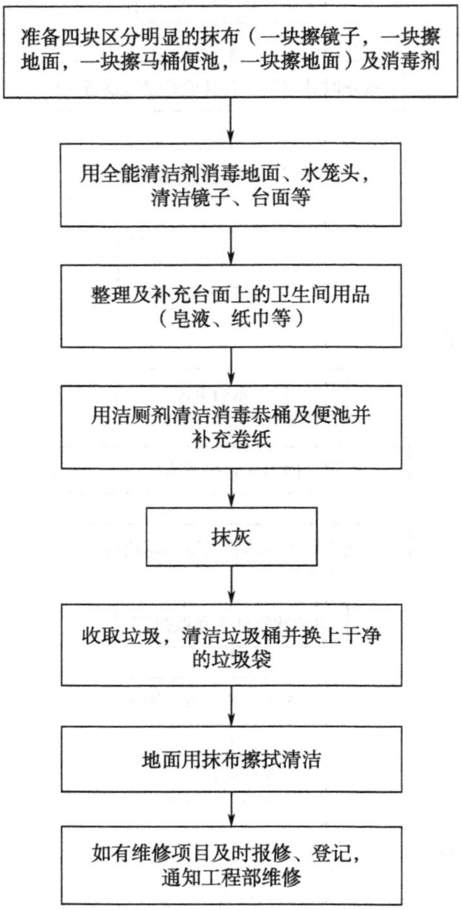

2. 公共客厕服务工作流程

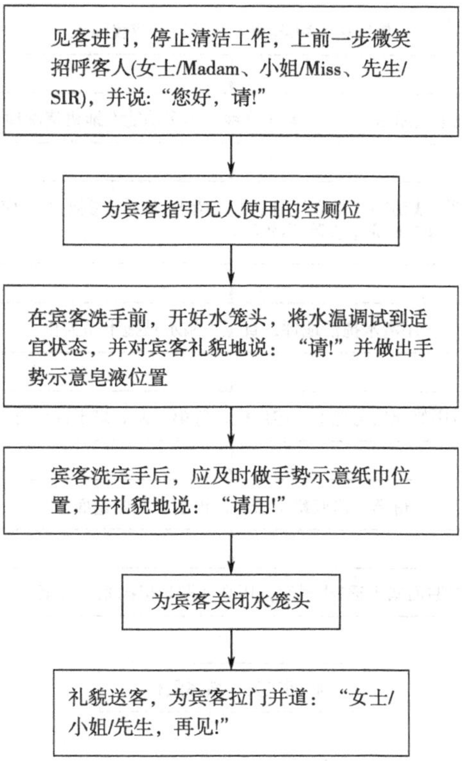

3. 大堂地面清洁工作流程

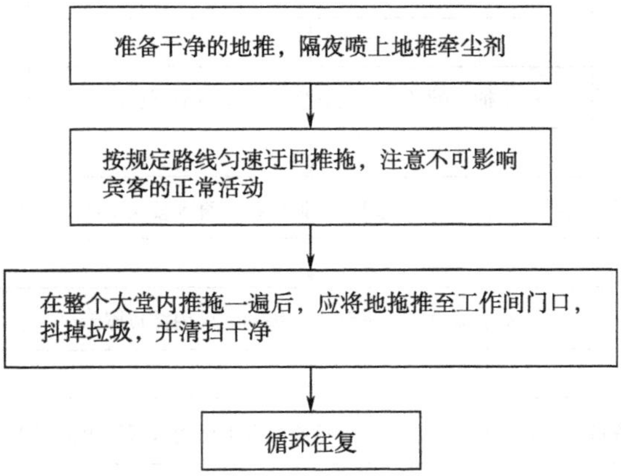

4. 大理石地面上蜡工作流程

放置指示牌,禁止人员通行，放置隔栏

↓

浇上去蜡水，浸泡20~30分钟后用多功能洗地机清洗地面

↓

用吸水机吸干蜡水（“死角”用手工去蜡），如蜡未擦干净，应再浇蜡水重复一次，直至蜡完全去除干净为止

↓

用清水拖清地坪，直至去蜡水被拖干净为止

↓

地面干透后用蜡拖均匀地上一遍底蜡，等第一遍底蜡干透后再上一遍底蜡

↓

待第二遍底蜡干透后，再上一至两遍面蜡

↓

待第二遍面蜡干透2小时后，用高速抛光机抛光，直至光亮如新

↓

收回工具，撤离隔栏

5. 玻璃清洁工作流程

准备玻璃清洁剂、水桶、涂水器、刮水器和抹布

↓

水桶内配备好一定比例的玻璃清洁剂和水

↓

用涂水器全部湿水并在玻璃上来回涂抹，直到玻璃全部涂湿为止

↓

用刮水器由上往下刮水，每刮一次用抹布擦干

↓

用抹布擦干净淌至地面上的水渍（注：地毯或窗台不可滴水部位用报废床单或浴巾垫底

↓

收回所有工具

6. 铜器上光流程

准备两块干净的软布和少量擦铜油
↓
用软布抹去铜器上的灰尘
↓
将擦铜油摇匀滴在一块干布上，并在铜器上来回擦拭
↓
见铜器由黄变黑后继续轻擦
↓
用另一块干净抹布反复擦拭铜器，将其擦至又黄又光亮为止
↓
收回擦铜油及抹布

7. 木器家具保养工作流程

准备木器家具上光蜡，及两块软抹布
↓
清洁木器表面
↓
将上光蜡摇匀喷在抹布
↓
在木器上反复擦（擦时要有序）
↓
再用干抹布擦至木器光亮无污为止
↓
收回工具

8. 大理石墙面清洁保养工作

准备大理石上光蜡，两块抹布
↓
清洁大理石表面
↓
将上光蜡摇匀喷在抹布上
↓
在大理石表面反复擦（擦时要有序）
↓
再用干净抹布擦至大理石光亮无污为止
↓
收回工具

9. 地毯吸尘工作流程

检查吸尘器是否清理干净，吸尘器性能是否良好

↓

先将要吸尘的区域巡视后，捡去大块的垃圾

↓

检查地毯表面是否有水迹（如地毯潮湿，待干后再吸尘）

↓

完全放开电线开始吸尘，由里至外，吸净每块地方（不能在宾客休息、活动和用餐时间吸尘）

↓

边角换上特别的吸嘴进行清洁

↓

结束后再一次巡视检查，发现不洁之处及时重吸

↓

清洁整理好吸尘器，收回至规定位置

10. 沙发清洁工作流程

准备沙发清洗剂及小软刷，配制清洗沙发药剂

↓

沙发表面吸尘、局部手工去渍（严重污迹要反复清洗）

↓

将高泡地毯香波倒入沙发清洗机的药液箱内

↓

再全面用沙发清洗机清洗

↓

用吸水机吸干，放在阴凉通风处自然晾干

↓

清洁整理好沙发清洗机，收回至规定位置

11. 大理石晶面处理工作流程

准备擦地机、吸水机、红色百洁垫、全能清洁剂拖线盘及结晶粉，放置工作牌及隔栏

↓

在擦地机水箱内倒入配比好的全能清洁剂

↓

用擦地机将大理石表面彻底清洁

↓

过水后吸干

↓

用清水把结晶粉和成糊状

↓

将适量糊状结晶粉倒在大理石上

↓

用擦地机配红色百洁垫抛光研磨

↓

直至大理石表面出现高光晶面

↓

用吸水机把地面糊状物吸净，或刮至边上另外要做镜面的大理石上

↓

过水后吸干

↓

用白色抛光垫抛光或用干布擦拭使地面完全清洁干燥

↓

收回工具及隔栏

12. 大理石晶面保养工作流程

放置指示牌、隔栏

↓

准备擦地机一台、红色纤维片、钢丝棉、大理石晶面保养液

↓

钢丝棉盘在纤维片上按上擦地机，喷适量晶面保养液在大理石上，通过擦地机磨地，直到大理石表面光亮如新为止

↓

晶面保养必须在做结晶一周后进行

↓

收回工具，撤走隔栏及指示牌

13. 地毯清洗工作流程

准备好干泡或抽吸式地毯机清洗机、高泡或低泡地毯香波、地毯去渍剂

↓

由里至外吸尘，边角也要吸干净

↓

检查待洗地毯，对于严重污迹，应先用去渍剂手工去渍

↓

按地毯香波使用要求的比例配制药剂，并加入机器

↓

用地毯清洗机由里至外全面清洗

↓

用吹干机把地毯吹干

↓

用吸尘器由里至外吸一遍，并理顺毛

↓

清洗机器，收回工具

14. 吸尘器保养工作流程

切断电源（保养时切记不要将插头插在插座上）

↓

打开面盖扣钩或开关

↓

取出过滤海绵，面盖再盖上

↓

清洁过滤海绵（吸去表面灰尘）再复位

↓

拔出尘袋插片取出尘袋，清除垃圾

↓

吸尘器内胆、外壳清洁（吸管及扒头清洁）:用半湿的偏干的抹布擦拭，立式吸尘器滚刷拆下（清除毛发）

↓

机器复位

15. 多功能擦地机保养工作流程

切断电源（确认电源断开）
↓
水箱用清水冲洗干净
↓
刷盘外壳及内侧用抹布清洁（用半湿偏干的抹布擦拭）
↓
检查各部位是否有坏的零件
↓
刷盘冲洗，毛头去污（或毛发）后挂起
↓
机器复位

16. 多功能洗地机保养工作流程

切断电源（确认电源断开）
↓
用清水冲洗药液箱
↓
机器前倾清洁刮片，后仰清洁吸头及刷盘外壳及内侧
↓
清水冲洗污水箱
↓
检查各部位是否有零件松动
↓
刷盘冲洗（毛头或磨片）:外壳用半湿偏干的抹布擦拭
↓
机器复位

17. 不锈钢表面清洁流程

准备不锈钢光亮剂，软布两块
↓
清洁不锈钢表面灰尘
↓
摇匀光亮剂，喷在抹布上由上往下擦拭
↓
换一块干净的抹布擦，直至光亮无污或无手印为止
↓
收回工具

18. 地脚线清洁流程

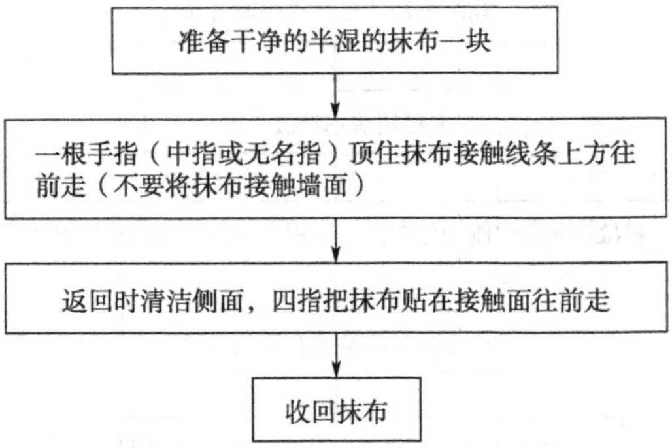

19. 空调出风口清洁流程

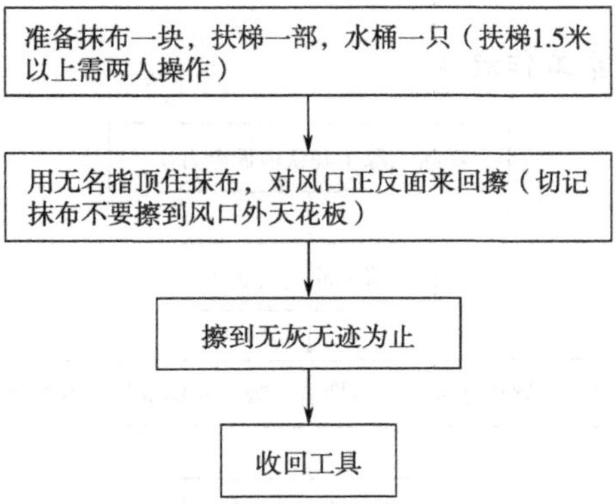

附录5 客房服务30问

1. 客人要求为其开门时，怎么办?

(1) 根据酒店的规定礼貌地请客人与前台联系或提供相应的服务。

(2) 要在能够确认其住客身份的情况下方可为客人开门，如果当时正在做房，一定要将门关好后再去开第二间。

(3) 如有任何疑问，均应请客人与大堂副理或接待处联系，前台会在确认后派人上来开门。

(4) 如有电话通知开门，一定要确认其所发通知的有效性及做必要的记录。

2. 清扫住客房时发现有人进来，你怎么办?

(1) 主动与客人打招呼，并确认其身份。

(2) 征求客人意见，是否继续做或暂停。

(3) 如客人表示继续做，则应迅速打扫完成并检查合格后对客人说："对不起，打扰您了。请问还有什么需要我做的?"然后道再见，面向客人退出房间并轻轻带上房门。

(4) 若客人表示暂时不用做，则应迅速收拾好用具，同时征询客人愿何时再做，致歉，面向客人退出，关门并做记录。

3. 你要为客人整理房间，而他整天在房间，你怎么办?

(1) 在工作过程中注意观察此房动静，客人一出去就可先做此房。

(2) 如客人打了DND或DL，则要待其取消此标记后第一时间抢先做好清洁。

(3) 如到2.00PM后仍未有动静，则可根据酒店规定由服务员或客房中心打电话询问客人意见再做。

(4) 每次观察都是DND或DL的房间应在做房表上做特别记录，以便核查和交接。

(5) 发现此房有异常情况应立即报告，以便及时处理。

4. 查走客房时，发现客人有遗留物品，怎么办?

(1) 及时报告并做记录。

(2) 如有贵重物品等应按酒店规定做清点。

(3) 及时上交并做登记手续，不可自作主张予以处理。

5. 做房时不小心损坏客人的物品，你怎么办?

(1) 及时报告上司等待处理，并做记录。

(2) 如客人在场应先致歉并立即报上司处理。

6. 发现火警时，你怎么办?

(1) 保持镇静，及时发现火源并报告总机（失火地点及火灾情况）。

(2) 如属初起之火，应取就近的消防器材予以扑灭，确保客人和酒店财产安全。

(3) 如火势一时未能控制，要及时引导客人疏散或根据现场指挥人员的指示协助做好清场疏导工作。

(4) 如发现客房内有烟火，切勿贸然打开房门，以防火势蔓延及发生意外事故。

（5）作为酒店客房服务员，一定要熟知本酒店的防火制度及应急措施，确保严格执行。

7. 在楼层发现可疑人时，你怎么办？

（1）主动以服务的面貌询问和提示客人。

（2）发现安全隐患应立即用电话通知有关部门。

（3）留意客人的特征和动向，协助有关方面了解、处理问题。

8. 发现客人酒醉后回客房，怎么办？

（1）主动送上热毛巾和浓茶。

（2）如客人呕吐应及时清理呕吐物。

（3）客人入睡后，服务员要观察客人动静。

（4）切记不可单独扶客人入房及替客人宽衣解带。

（5）及时向上司汇报。

9. 发现有患病客人时，怎么办？

（1）马上报告上司，并登记下来，以便提供相应的服务。

（2）经常主动询问住客的病情，但不能过多打扰客人。

（3）将纸巾、热水瓶及垃圾桶置于床边，尽可能给客人方便和帮助。

（4）一旦客人患有重病，要及时采取有效处理措施，防止病情的发展及消极影响。

（5）工作期间，要特别留意此房间的一切情况并保持与上级的及时联系。

10. 房间卫生尚未完成而客人已到时，该怎么办？

（1）酒店应尽量不让刚入住的客人见到一间不整洁的客房，如客人未到房间则应立即向前台或客房中心说明情况。一般来说前台会为客人重新安排。

（2）如客人已到房间，则应先向客人表示道歉，告诉客人大约需要多长时间方可打扫好，然后根据客人的意见做。

（3）迅速做完房后应再次向客人表示歉意，询问意见后退出并将有关情况报告上司。

（4）如客人表示不满，则应立即与前台联系，请大堂副理前往处理。

11. 当客人来到楼层，发现开重房时，怎么办？

（1）如果服务员先发现，则应礼貌地请客人稍等，然后即刻与前台联系，重新安排房间。

（2）如果由客人发现，则应先向客人道歉并请稍候，然后立即与大堂副理或前台联系解决。

12. 发现客人在房间内猝死时，怎么办？

（1）立即通知值班经理和上司。

（2）联系急救站或附近医院，注意不要随便搬动客人。

（3）医生到达后，服务员要协助医生抢救，介绍一些情况，如医生确认客人死亡，应写出“抢救报告”，开具“死亡诊断证明”。

（4）与公安部门和酒店保安部联系，确认死因与现场。

（5）通知客人接待单位、家属、随行人员或驻华使馆。

（6）不要将此事到处声张，以免使此房成为“不易出租房”。

13. 服务员带客人进房间后，怎么办？

(1) 先请客人坐下，拉开窗帘（如重点客人要送香巾、香茶）。

(2) 向客人介绍宾馆主要服务设施、娱乐设施的位置、营业时间、房间内设施及使用方法。

14. 当团体客人已到，并催促要行李时，该怎么办？

(1) 安慰客人。

(2) 与总台联系了解行李是否到达，并向陪同了解行李未到的原因，以便答复客人。

(3) 行李一到，应先送给催促行李的客人。

15. 房间打扫卫生时，房间电话铃响了怎么办？

不接，为了避免不必要的麻烦和尊重客人对房间的使用权。

16. 当发现洗坏了客人衣服时怎么办？

(1) 不要当客人面责怪和指责有关部门。

(2) 向客人表示歉意。

(3) 客人提出赔偿时应按宾馆有关规定给予赔偿。

17. 当客人外出吩咐，可以让来访者进入房间时怎么办？

(1) 请客人写清来访者是什么人、何处来、姓名、性别、大约年龄、与客人关系等。

(2) 来访者符合客人提供情况的可让其进房。

(3) 服务员应注意来访者进房后，在客人未回来之前是否有外出。

(4) 如发现可疑或带有物品外出时，服务员应上前查问来访者。

18. 客人要求我们加快洗衣时，怎么办？

(1) 与洗衣店联系，能否在要求时间内完成。

(2) 向客人说明加急洗衣的收费办法。

(3) 开洗衣单时要注明加急字样以及要求完成的时间。

(4) 送洗衣店时要及时说明该份客衣是加急的，以双方确认，保证能按时将客衣送回给客人。

19. 客人要求加床时，怎么办？

(1) 服务员要掌握备用铁床的使用情况。

(2) 当客人要求加床时，能迅速答复客人，并请客人到客房部办理加床入住手续。

(3) 加床进房间前应检查铁床是否牢固好用，另外必须配备床上用品及增加一套用品。

20. 客人向我们投诉时怎么办？

(1) 首先要耐心倾听，让客人把话说完，令客人情绪平静下来。

(2) 将客人的投诉意见记下来，然后向上汇报。

(3) 详细了解情况，做出具体分析，如果是设备问题，应采取措施或马上修理。

(4) 如果客人尚未离馆，应该给一个答复，让客人知道我们已做出了处理，如果是我们的错，必要时可让经理向客人道歉，使客人觉得他的投诉得到重视。

(5) 对于客人的侧面投诉，我们同样要重视，必要时向上司反映，以便改进服务工作。

(6) 做好投诉和处理过程的记录，以便研究客人投诉的原因，防止类似的投诉发生。

21. 要清洁的房间挂上“请勿打扰”牌时，怎么办？

(1) 当服务员看到客人房间挂有“请勿打扰”牌时，不应干扰客人。可注意观察客人动向，一旦外出及时进行房间打扫。

(2) 如果上午11：00房间门口仍挂有此牌时，就应进一步了解客人是否确实仍在房间，以防客人实际上已外出而忘记将牌子收回。

(3) 到下午2：00仍挂“请勿打扰”牌时，应打电话到房间，以便向客人了解是否可以搞卫生。

22. 清洁房间时发现家具、设备有毛病，你怎么办？

(1) 应通知有关部门前来修理，并做好记录。

(2) 若一时难以修好或要送去修理的家具要及时撤换，不要抱侥幸的想法，以免损伤客人，影响宾馆的声誉。

(3) 如房内设备一时无法修好，要考虑给客人调换房间。

23. 客人反映在客房失窃时怎么办？

(1) 如客人反映的是一般失窃（价值不大），应详细了解丢失的东西原放的位置，何时发现。请客人仔细回忆一下，是否用过放在别处，或者不小心掉在什么地方。如确实找不到的话要及时向领导汇报。

(2) 如果是重大的失窃（价值较大），应马上保护现场，立即报告保安部门，必要时要将客人的外出、该房间的来访等情况提供给有关部门协助调查处理。

24. 检查退房时，发现客人带走房间物品时，怎么办？

(1) 客人带走房间的物品有两种可能，有的客人以为房间的物品是允许住客带走的，但也有的客人明知不能带走而有意拿走的，但不论哪种情况，当我们找到客人时不能直接说客人带走房间的东西。特别是在公共场所或在客人的朋友、上司面前，令客人难堪，有损客人面子，可能产生抵触情绪，使双方都不愉快。

(2) 我们应持和蔼态度礼貌地说：“××先生（小姐）对不起，请问收拾行李时会不会一时匆忙把房间××东西也错放在箱里，麻烦您看看好吗？”这样客人较为容易接受，当我们收回物品时应对客人说：“打扰你了，谢谢，再见。”

25. 在行走中，有急事需要超越客人时怎么办？

(1) 在行走中，有急事超越客人时，应先对客人讲：“先生（小姐），对不起，请您让一让。”然后再超越。

(2) 如两个客人同行时切忌从客人中间穿过。

26. 因工作需要，要与客人一同乘坐电梯时怎么办？

(1) 请客人先进，如电梯拥挤时，不要强行进入，更不要与客人抢搭电梯。

(2) 出电梯时应按着电梯开关，让客人先出。

27. 对客人提出的问题，自己不清楚，难以回答时该怎么办？

(1) 请客人稍候，向有关部门请教或查询后再回答，不能使用“不知道、我想、不能”等词语去答复客人。

（2）如问题较复杂，可请客人回房稍等，弄清楚后再答复客人。

（3）如经努力仍无法解答也应给客人回言，耐心解释，表示歉意。

28. 当你在岗位上工作时，一客人缠着你聊天，你怎么办？

（1）询问客人是否有事需要帮忙。

（2）礼貌地向客人解释，工作时间不便长谈。

（3）如客人不罢休，可借故暂避。

29. 伤残人士进酒店消费时，服务员怎么办？

（1）要尽量提供方便，使他们得到所需要的服务，不要感到奇怪和投以奇异的眼光。

（2）如果他们要自己做，就要灵活适当地帮助他们，使他们感到你的帮助是服务而不是同情。因此，我们一定要留意伤残人士所需要的服务。

30. 发现客人损坏酒店物品时怎么办？

（1）服务员应马上上前清理碎片。

（2）询问客人有无碰伤，如有碰伤应马上采取措施，并在适当时候由大堂副理婉言向客人收取赔偿费。

附录6　旅游类专业学生饭店实习规范（LB/T 031—2014）

前　言

本标准按照 GB/T 1.1—2009 给出的规则起草。

本标准由中华人民共和国国家旅游局提出。

本标准由全国旅游标准化技术委员会（SAC/TC 210）归口。

本标准起草单位：南京旅游职业学院、中国旅游协会旅游教育分会。

本标准主要起草人：肖飞、周春林、张新南、冯明、汪亮、匡家庆、徐慎行、汝勇健、何晓岩、刘莉莉。

引　言

为贯彻执行国务院《关于加快发展旅游业的意见》，落实教育部相关文件精神，践行全国高等职业教育改革与发展工作有关“合作办学、合作育人、合作就业、合作发展”的办学理念，以期全面规范饭店的顶岗实习管理，切实提高学生的操作服务水平，为饭店业培养高素质、应用型、技能型人才，特参照《国家职业技能标准》的有关要求，制定本标准。

本标准在制定过程中，借鉴了国内外有关资料，并直接引用了相关国家标准或标准条文。

1　范围

本标准规范了高等职业院校旅游类专业学生在饭店的实习安排与责任。适用于高等职业院校学生到国内饭店有计划的半年及半年以上的实习活动。对部分应用型本科院校实习生，亦可参照施行。

2　规范性引用文件

下列文件对于本文件的应用是必不可少的。凡是注明日期的引用文件，仅所注日期的版本适用于本文件。凡是不注明日期的引用文件，其最新版本（包括所有的修改单）适用于本文件。

GB/T 140308—2010《旅游饭店星级的划分与评定》

GB/T 16766—2010《旅游业基础术语》

3　术语和定义

GB/T 140308—2010、GB/T 16766—2010 中界定的以及下列术语和定义适用于本文件。

3.1　饭店（hotel）

以间（套）夜为单位出租客房，以住宿服务为主，并提供商务、会议、休闲、度假等相应服务的住宿设施，按不同习惯可能也被称为宾馆、酒店、旅馆、旅社、宾舍、度假村、俱乐部、大厦、中心等。

3.2　旅游类专业学生（students majoring in tourism）

高等职业院校饭店管理、旅游管理等旅游类专业在籍学生。

3.3 实习生（intern）

在饭店进行顶岗实习的非正式员工。

3.4 实习点负责人（interns coach）

负责实习生的实习工作与日常管理，指导实习生完成具体岗位工作，帮助其提高服务水平与操作技能的饭店实习负责人。

3.5 学校实习导师（intership supervisor）

负责与学校、饭店、实习学生三方的沟通联系，指导学生完成实习、撰写“实习总结”，并对学生的实习成绩做出评定的学校教师。

4 总则

学生在饭店实习，是饭店、学校共同完成教育与管理的过程。学生在实习中，应养成良好的职业道德，遵守学校纪律与饭店规定，努力学习专业知识与操作能力，为今后的就业积累实习经验。学校应定期看望学生，适时提供指导与帮助。饭店则应通过培训与指导，帮助学生在顶岗服务中提高实践工作能力。

5 实习管理职责

5.1 学校职责

5.1.1 制定学校整体实习计划，并督促落实。

5.1.2 与饭店签订《实习协议书》，明确校企双方的权利义务。

5.1.3 组织实习生与饭店进行双向选择，确定实习单位与岗位。确定学校实习导师，定期安排人员赴饭店走访。

5.1.4 加强思想、安全和职业生涯教育，开展实习动员与实习辅导，让学生熟悉实习管理规定。

5.1.5 与饭店定期联络、会晤，相互协调、配合，维护实习生的合法权益。综合饭店与学校对实习生的评价，评选优秀实习生。对违纪学生进行批评教育，视情节给予相应处分。

5.2 饭店职责

5.2.1 与学校协商，确保实习生在工作时间、休息休假、实习津贴等方面享有相应权利，饭店应遵守《劳动法》之规定，每周工作时间原则上不应超过40小时，超时工作应支付补贴或安排调休。

5.2.2 确保学生实习安全，安排员工宿舍，为学生购买人身意外伤害险，若发生事故应按照国家相关规定与学校协商解决。

5.2.3 确定实习点负责人，负责实习工作的组织和实习生的日常管理。

5.2.4 组织实习生进行入职培训与岗位培训。

5.2.5 定期组织实习生座谈，了解学生意见，解决实际问题。

5.2.6 定期向学校反馈学生实习情况，对实习生出现违规或长期病事假等情况的，应及时与学校沟通、解决。

5.2.7 对实习期满半年、综合表现优秀的实习生，应提供轮岗机会。

5.2.8 做好实习生的评价，并根据实习生的综合表现，给合格者颁发实习证书，给优秀者颁发工作经历证书。

5.3 实习生职责

5.3.1 完成学校教学计划规定的所有课程，且成绩合格。

5.3.2 参加学校组织集体实习的学生，应与学校签订《实习协议书》；自主联系实习单位的学生，应征得家长同意，通过学校资格审查。

5.3.3 定期与学校实习导师联系，汇报实习情况。

5.3.4 自觉履行请假手续（按饭店管理规定程序办理请假手续，并及时报学校实习导师备案）。

5.3.5 因客观原因需暂停或变更实习的学生，应向学校提出申请，由学校与饭店商议决定。未经校方许可，学生不得擅自离开实习饭店，违者将接受学校相应的处理。

5.3.6 实习结束后，实习生应在规定时间内返校，并按要求向饭店与学校提交相关实习材料。

6 饭店实习岗位要求（注：此处仅节选客房岗位实习相关内容）

6.1 饭店顶岗实习总体要求

旅游类专业学生实习，主要集中在饭店的前厅、客房与餐饮三大部门（在学校、饭店、学生三方商量一致的情况下，亦可安排饭店其他部门的实习）。每个部门包括若干岗位，分为基本能力与拓展能力两个层次。同时，在标准附录（见资料性附录 B、C、D）部分有更为详细的要求，以供饭店用人部门操作与考核。除下列条目涉及的能力要求外，实习生还应坚持 GB/T 14308—2010 第 7.1 条的基本原则，符合 GB/T 14308—2010 第 7.2 条的基本要求。

6.2 客房岗位实习

6.2.1 基本能力

6.2.1.1 客房清扫

6.2.1.1.1 能清扫整理客房，并达到质量标准。

6.2.1.1.2 能检查客房设施设备，报告客房维修问题。

6.2.1.1.3 能完成客房计划卫生工作，并达到质量标准。

6.2.1.1.4 熟悉客房及相关用品的消毒方法，能正确使用消毒剂。

6.2.1.2 楼层服务

6.2.1.2.1 能做好各项客房对客服务工作。

6.2.1.2.2 能检查走客房，报告客人遗留物品。

6.2.1.3 客房中心

6.2.1.3.1 熟悉饭店各类服务项目及相关服务信息。

6.2.1.3.2 能正确接听及转接电话。

6.2.1.3.3 能准确传递内部信息，做好信息记录工作。

6.2.1.4 公共区域

6.2.1.4.1 熟悉常用清洁剂与清洁器具的性能及用途，并能正确使用。

6.2.1.4.2 熟悉公共区域日常保洁的方法及要求，能完成公共区域日常保洁工作。

6.2.1.5 洗衣房

6.2.1.5.1 能做好布草及员工制服的收发、分类等工作。

6.2.1.5.2　能分辨衣物类别及常见污迹。
6.2.1.5.3　熟悉各类布草、衣物的洗熨程序及要求。
6.2.2　拓展能力
6.2.2.1　客房清扫
6.2.2.1.1　熟悉客房检查的标准、程序与方法。
6.2.2.1.2　知晓楼层设备用品的管理方法与要求。
6.2.2.2　楼层服务
6.2.2.2.1　熟悉客房服务质量标准及控制方法。
6.2.2.2.2　熟悉管家服务要求，能做好楼层管家服务工作。
6.2.2.3　客房中心
6.2.2.3.1　掌握客房客用品消/损耗的控制方法。
6.2.2.3.2　能熟练操作客房中心电脑系统。
6.2.2.4　公共区域
6.2.2.4.1　熟悉公共区域清洁保养质量标准及质量控制方法。
6.2.2.4.2　能对饭店常见面层材质进行常规性的保养工作。
6.2.2.5　洗衣房
6.2.2.5.1　熟悉不同衣物面料的洗涤要求。
6.2.2.5.2　知晓洗衣房日常运转及管理工作。

附录 C
(资料性附录)
客房岗位实习

实习岗点	工作任务	基本能力	拓展能力
1. 客房清扫	客房日常清扫整理	1. 能做好清扫客房前的准备工作： (1) 了解如何核实房态 (2) 能正确安排客房清扫顺序 (3) 能备齐清洁物料 2. 能清扫整理各类客房： (1) 清扫整理走客房 (2) 清扫整理住客房 (3) 整理空房 (4) 简单整理客房 3. 能报告工程维修问题 4. 能填写工作报表及交班本	1. 熟悉客房清洁保养质量标准，知晓查房的程序与方法 2. 熟悉班前会/班后会的内容与要求 3. 能妥善处理常见问题 4. 掌握楼层设备用品的管理方法与要求 5. 能进行简单的外语交流
	客房计划卫生	1. 熟悉客房计划卫生的项目及安排方式 2. 熟悉客房计划卫生工作并能操作： (1) 家具的清洁保养 (2) 电器的清洁保养 (3) 金属器件的清洁保养 (4) 卫生洁具的清洁保养	1. 熟悉客房计划卫生的质量标准及控制方法 2. 能安排客房计划卫生工作

续表

实习岗点	工作任务	基本能力	拓展能力
	杀菌消毒	1. 能正确使用消毒剂 2. 熟悉客房杀菌消毒的程序与要求 3. 能进行客房杀菌消毒工作： （1）客房杀菌消毒处理 （2）杯具的消毒 （3）电话机的消毒	
2. 楼层服务	常规服务	1. 熟悉客房对客服务工作程序及标准，能做好各项对客服务工作： （1）楼层迎送客服务 （2）茶水、饮料服务 （3）开夜床服务 （4）洗衣服务 （5）擦鞋服务 （6）租借物品服务 2. 能检查走客房并报告遗留物品 3. 熟悉客房设备用品的使用方法： （1）客房保险箱的使用 （2）加湿器/抽湿机与空气净化器的使用 （3）网络连接、电视频道及各类端口知识及操作	1. 掌握客房服务质量的控制方法 2. 熟悉管家服务要求，能做好楼层管家服务工作 3. 能进行简单的外语交流
	个性化服务	1. 知晓客房个性化服务的要求 2. 能根据客人需求做好客房个性化服务工作	1. 知晓贵宾客房接待要求 2. 能根据贵宾接待规格布置贵宾房
3. 客房中心	对客服务	1. 熟悉饭店服务项目及相关信息 2. 能进行电话接听、问讯服务 3. 能收集与整理相关信息	1. 能协调对客服务工作 2. 能进行简单的外语交流
	内部信息传递及管理	1. 能正确传递部门信息： （1）能与总台核对客房状态 （2）能报告工程维修问题 2. 能登记及保管客人遗留物品 3. 能收发及保管楼层工作钥匙 4. 能做好部门考勤工作 5. 能整理相关报表资料	1. 能熟练操作客房中心电脑系统 2. 掌握客房客用品消/损耗的控制方法 3. 能收集相关信息并进行分析
4. 公共区域	公共区域日常保洁	1. 熟悉常用清洁剂的用途并能正确使用 2. 能正确使用及保养清洁器具 3. 能完成公共区域日常保洁工作： （1）大厅的保洁工作 （2）公共洗手间的保洁 （3）客用电梯的保洁 （4）玻璃、镜面的清洁 （5）沙发、餐椅的清洁	1. 熟悉公共区域清洁保养质量标准及质量控制方法 2. 熟悉饭店各类面层材质清洁保养要求 3. 能对地毯、大理石、木材等面层材质进行常规性保养

续表

实习岗点	工作任务	基本能力	拓展能力
	植物花卉的养护	1. 知晓饭店常见植物花卉的养护方法	1. 能养护饭店常见植物花卉
5. 洗衣房	布草管理	1. 熟悉各类布草及员工制服的保管方法并能妥善保管 2. 能做好布草及员工制服的收发、分类等工作	1. 掌握各类布草的存量要求 2. 能做好布草盘点、统计工作
	洗涤业务	1. 熟悉各类洗涤剂及洗涤用品 2. 熟悉洗熨设备的操作方法 3. 能分辨衣物类别及常用污迹 4. 熟悉各类布草、衣物的洗熨程序及要求 5. 知晓洗涤设备维护保养方法	1. 熟悉不同面料衣物的洗涤要求，能去除衣物常见的污迹 2. 熟悉布草、衣物洗涤出品的质量要求

附录7 《旅游饭店星级的划分与评定》(GB/T14308—2010)(此处只摘录正文部分，附录省略)

前 言

本标准代替 GB/T 14308—2003 旅游饭店星级的划分与评定。

本标准与 GB/T 14308—2003 相比，主要技术内容变化如下：

a) 增加了对国家标准 GB/T 16766、GB/T 15566.8 的引用。

b) 更加注重饭店核心产品，弱化配套设施。

c) 将一二三星级饭店定位为有限服务饭店。

d) 突出绿色环保的要求。

e) 强化安全管理要求，将应急预案列入各星级的必备条件。

f) 提高饭店服务质量评价的可操作性。

g) 增加例外条款，引导特色经营。

h) 保留白金五星级的概念，其具体标准与评定办法将另行制订。

本标准的附录 A、附录 B、附录 C 均为规范性附录。

本标准由国家旅游局提出。

本标准由全国旅游标准化技术委员会归口。

本标准起草单位：国家旅游局监督管理司。

本标准主要起草人：李任芷、刘士军、余昌国、贺静、鲁凯麟、刘锦宏、徐锦祉、辛涛、张润钢、王建平。

本标准所代替标准的历次版本发布情况为：

——GB/T 14308—1993

——GB/T 14308—1997

——GB/T 14308—2003

旅游饭店星级的划分与评定

1 范围

本标准规定了旅游饭店星级的划分条件、服务质量和运营规范要求。

本标准适用于正式营业的各种旅游饭店。

2 规范性引用文件

下列文件对于本文件的应用是必不可少的。凡是注日期的引用文件，仅注明日期的版本适用于本文件，凡是不注明日期的引用文件，其最新版本（包括所有的修改单）适用于本文件。

GB/T 16766 旅游业基础术语

GB/T 10001.1 标志用公共信息图形符号 第1部分：通用符号

GB/T 10001.2 标志用公共信息图形符号 第2部分：旅游设施与服务符号

GB/T 10001.4 标志用公共信息图形符号 第4部分：运动健身符号

GB/T 10001.9 标志用公共信息图形符号 第9部分：无障碍设施符号

GB/T 15566.8 公共信息导向系统 设置原则与要求 第8部分：宾馆和饭店

3 术语和定义

下列术语和定义适用于本标准。

3.1 旅游饭店（tourist hotel）

以间（套）夜为单位出租客房，以住宿服务为主，并提供商务、会议、休闲、度假等相应服务的住宿设施，按不同习惯可能也被称为宾馆、酒店、旅馆、旅社、宾舍、度假村、俱乐部、大厦、中心等。

4 星级划分及标志

4.1 用星的数量和颜色表示旅游饭店的星级。旅游饭店星级分为五个级别，即一星级、二星级、三星级、四星级、五星级（含白金五星级）。最低为一星级，最高为五星级。星级越高，表示饭店的等级越高（为方便行文，“星级旅游饭店”简称为“星级饭店”。）

4.2 星级标志由长城与五角星图案构成，用一颗五角星表示一星级，两颗五角星表示二星级，三颗五角星表示三星级，四颗五角星表示四星级，五颗五角星表示五星级，五颗白金五角星表示白金五星级

5 总则

5.1 星级饭店的建筑、附属设施设备、服务项目和运行管理应符合国家现行的安全、消防、卫生、环境保护、劳动合同等有关法律、法规和标准的规定与要求

5.2 各星级划分的基本条件见附录A，各星级饭店应逐项达标

5.3 星级饭店设备设施的位置、结构、数量、面积、功能、材质、设计、装饰等评价标准见附录B

5.4 星级饭店的服务质量、清洁卫生、维护保养等评价标准见附录C

5.5 一星级、二星级、三星级饭店是有限服务饭店，评定星级时应对饭店住宿产品进行重点评价；四星级和五星级（含白金五星级）饭店是完全服务饭店，评定星级时应对饭店产品进行全面评价

5.6 倡导绿色设计、清洁生产、节能减排、绿色消费的理念

5.7 星级饭店应增强突发事件应急处置能力，突发事件处置的应急预案应作为各星级饭店的必备条件。评定星级后，如饭店营运中发生重大安全责任事故，所属星级将被立即取消，相应星级标识不能继续使用

5.8 评定星级时不应因为某一区域所有权或经营权的分离，或因为建筑物的分隔而区别对待，饭店内所有区域应达到同一星级的质量标准和管理要求

5.9 饭店开业一年后可申请评定星级，经相应星级评定机构评定后，星级标识使用有效期为三年。三年期满后应进行重新评定

6 各星级划分条件

6.1 必备条件

6.1.1 必备项目检查表规定了各星级应具备的硬件设施和服务项目。评定检查时，逐项打“√”确认达标后，再进入后续打分程序。

6.1.2 一星级必备项目见表A.1；二星级必备项目见表A.2；三星级必备项目见

表A.3；四星级必备项目见表A.4；五星级必备项目见表A.5。

6.2 设施设备

6.2.1 设施设备的要求见附录B。总分600分。

6.2.2 一星级、二星级饭店不做要求，三星级、四星级、五星级饭店规定最低得分线：三星级220分，四星级320分，五星级420分。

6.3 饭店运营质量

6.3.1 饭店运营质量的要求见附录C 。总分600分。

6.3.2 饭店运营质量的评价内容分为总体要求、前厅、客房、餐饮、其他、公共及后台区域6个大项。评分时按“优”“良”“中”“差”打分并计算得分率。公式为：得分率=该项实际得分/该项标准总分×100%。

6.3.3 一星级、二星级饭店不做要求。三星级、四星级、五星级饭店规定最低得分率：三星级70%，四星级80%，五星级85%。

6.3.4 如饭店不具备表C.1中带“*”的项目，统计得分率时应在分母中去掉该项分值。

7 服务质量总体要求

7.1 服务基本原则

7.1.1 对宾客礼貌、热情、亲切、友好，一视同仁。

7.1.2 密切关注并尽量满足宾客的需求，高效率地完成对客服务。

7.1.3 遵守国家法律法规，保护宾客的合法权益。

7.1.4 尊重宾客的信仰与风俗习惯，不损害民族尊严。

7.2 服务基本要求

7.2.1 员工仪容仪表应达到：

a）遵守饭店的仪容仪表规范，端庄、大方、整洁；

b）着工装、佩工牌上岗；

c）服务过程中表情自然、亲切、热情适度，提倡微笑服务。

7.2.2 员工言行举止应达到：

a）语言文明、简洁、清晰，符合礼仪规范；

b）站、坐、行姿符合各岗位的规范与要求，主动服务，有职业风范；

c）以协调适宜的自然语言和身体语言对客服务，使宾客感到尊重舒适；

d）对宾客提出的问题应予以耐心解释，不推诿和应付。

7.2.3 员工业务能力与技能应达到：

掌握相应的业务知识和服务技能，并能熟练运用。

8 管理要求

8.1 应有员工手册

8.2 应有饭店组织机构图和部门组织机构图

8.3 应有完善的规章制度、服务标准、管理规范和操作程序

一项完整的饭店管理规范包括规范的名称、目的、管理职责、项目运作规程（具体包括执行层级、管理对象、方式与频率、管理工作内容）、管理分工、管理程序与考核指标等项目。各项管理规范应适时更新，并保留更新记录。

8.4　应有完善的部门化运作规范

包括管理人员岗位工作说明书、管理人员工作关系表、管理人员工作项目核检表、专门的质量管理文件 、工作用表和质量管理记录等内容。

8.5　应有服务和专业技术人员岗位工作说明书

对服务和专业技术人员的岗位要求、任职条件、班次、接受指令与协调渠道、主要工作职责等内容进行书面说明。

8.6　应有服务项目、程序与标准说明书

对每一个服务项目完成的目标、为完成该目标所需要经过的程序，以及各个程序的质量标准进行说明。

8.7　应有相应的工作技术标准的书面说明

对国家和地方主管部门和强制性标准所要求的特定岗位的技术工作如锅炉、强弱电、消防、食品加工与制作等，应有相应的工作技术标准的书面说明，相应岗位的从业人员应知晓并熟练操作。

8.8　应有其他可以证明饭店质量管理水平的证书或文件

9　安全管理要求

9.1　星级饭店应取得消防等方面的安全许可，确保消防设施的完好和有效运行

9.2　水、电、气、油、压力容器、管线等设施设备应安全有效运行

9.3　应严格执行安全管理防控制度，确保安全监控设备的有效运行及人员的责任到位

9.4　应注重食品加工流程的卫生管理，保证食品安全

9.5　应制订和完善地震、火灾、食品卫生、公共卫生、治安事件、设施设备突发故障等各项突发事件应急预案

10　其他

对于以住宿为主营业务、建筑与装修风格独特、拥有独特客户群体、管理和服务特色鲜明且业内知名度较高的旅游饭店的星级评定，可参照五星级的要求。

附录8 《绿色旅游饭店》(LB/T 007—2015 代替 LB/T 007—2006)

1 范围

本标准规定了绿色旅游饭店的创建、实施、改进及评定要求。

本标准适用于任何要求创建绿色旅游饭店、实施和改进环境管理的饭店。

2 规范性引用文件

下列文件对于本文件的应用是必不可少的。凡是注日期的引用文件，仅所注日期的版本适用于本文件。凡是不注日期的引用文件，其最新版本（包括所有的修改单）适用于本文件。

GB 3096 声环境质量标准

GB 5749 生活饮用水卫生标准

GB 8978 污水综合排放标准

GB/T 12455 宾馆、饭店合理用电

GB 13271 锅炉大气污染物排放标准

GB 17167 用能单位能源计量器具配备和管理通则

GB 18483 饮食业油烟排放标准

GB/T 18883 室内空气质量标准

GB/T 19001 质量管理体系 要求

GB/T 19095 生活垃圾分类标志

GB 19577 冷水机组能效限定值及能源效率等级

GB/T 23331 能源管理体系 要求

GB/T 24001 环境管理体系 要求

GB 25502 坐便器用水效率限定值及用水效率等级

GB 50118 民用建筑隔声设计规范

GB 50325 民用建筑工程室内环境污染控制规范

LB/T 018 旅游饭店节能减排指引

CJJ/T 102 城市生活垃圾分类及其评价标准

3 术语和定义

下列术语和定义适用于本标准。

3.1 绿色旅游饭店（green hotel）

以可持续发展为理念，坚持清洁生产、维护饭店品质、倡导绿色消费、合理使用资源、保护生态环境、承担社区与环境责任的饭店。

3.2 清洁生产（cleaner production）

清洁生产，是指不断采取改进设计、使用清洁的能源和原料、采用进行的工艺技术与设备、改善管理、综合利用等措施，从源头消减污染，提高资源利用效率，减少或者避免生产、服务和产品使用过程中污染物的产生和排放，以减轻或消除对

人类健康和环境的危害。

3.3 冷热电联供（combined cooling，heating and power）

通过能源的梯级利用，燃料通过热电联产装置将高品位能发电后，将其中的低品位能用于采暖、生活供热等用途的供热，这一热量也可以驱动吸收式制冷机，用于夏季的空调，从而形成冷热电三联供系统。

3.4 绿色消费（environmentally friendly consumption）

绿色消费，指选择无污染、健康的产品，关注产品在生产、使用和废弃后对环境的影响，并关注废弃物处理的消费行为。

3.5 绿色客房（green room）

绿色客房，指室内环境满足人体健康要求，设施品质高，智能化程度高，能源、资源利用率高的客房。

3.6 绿色餐饮（environmentally friendly food and beverage service）

绿色餐饮，指提供安全、健康、高品质的食品和用餐环境，无食物浪费，并对厨余垃圾安全处置的餐饮服务。

3.7 绿色采购（environmentally friendly procurement）

绿色采购，指实施供应商环境影响评价，优先购买环境影响小的产品，促进企业环境行为改善的采购行为。

4 基本要求

4.1 环境管理要求

4.1.1 饭店在运营管理中应遵守环保、节能、卫生、防疫、规划等方面的法律法规和其他要求，承诺污染预防并持续改进饭店的环境绩效。

4.1.2 饭店应构建有实施绿色旅游饭店的创建与管理的组织体系，开展培训并创造能使员工充分参与创建与管理绿色旅游饭店的内部环境。

4.1.3 饭店应制定绿色旅游饭店的环境方针和目标指标，建立并实施有关环保、节能、污染预防以及倡导绿色消费、绿色采购等方面的规章制度和管理要求。

4.1.4 饭店应因地制宜、形式多样地开展绿色旅游饭店的宣传、推广活动，鼓励饭店消费者、供应商参与绿色旅游饭店的实施工作。

4.2 环境质量要求

4.2.1 饭店锅炉大气污染物排放应符合 GB 13271。

4.2.2 饭店厨房排烟应符合 GB 18483。

4.2.3 饭店污水排放应符合 GB 8978。

4.2.4 饭店垃圾分类及管理应符合 CJJ-T 102。

4.2.5 饭店噪声排放应符合 GB 3096。

4.2.6 饭店新建、改建工程后，室内空气质量应符合 GB 50325，运营中的饭店，室内空气质量应符合 GB-T 18883。

4.2.7 饭店能源计量系统应符合 GB 17167。

4.2.8 饭店在一年内未出现重大环境污染事故，无环境方面的投诉。

5 设计要求

5.1 环境设计

5.1.1 饭店建设应有环境影响评价。

5.1.2 饭店选址和设计应保留和利用地形、地貌、植被和水系，保护生态系统和文化景观。

5.1.3 饭店内外应有良好的绿化设计。

5.2 绿色建筑设计

5.2.1 饭店应对建筑材料和结构体系进行选择和评估，对建筑的体量、体形、平面布局、外围护结构进行节能设计，减少建筑能耗。

5.2.2 饭店应积极采用太阳能、风能、生物质能和地热等再生能源。

5.2.3 饭店应积极利用周边企业余热、废热；采用冷热电联供、集中供热等能源利用方式。

5.2.4 饭店应充分考虑建筑的热、声、光环境以及室内空气质量，综合设计、配置设备，创造舒适、健康的室内环境。饭店室内温度、照度水平符合 GB-T 12455，噪声水平符合 GB 50118。

5.2.5 饭店应有节水系统设计，降低水资源消耗。坐便器符合 GB 25502。

6 能源管理要求

6.1 基础管理

6.1.1 饭店应建立耗能设备分类与计量仪表台账。

6.1.2 饭店应建立能源统计、分析工作制度，定期编制能源使用的分析、改进报告。

6.1.3 饭店应建立能源管理制度和设备操作规范。

6.1.4 饭店应建立能源使用的培训制度。

6.2 使用管理

6.2.1 饭店所有设备应得到正确的使用和良好的维护，保持设备运行正常、能耗正常。

6.2.2 饭店的各项操作规程应得到持续的改进，以减少操作中能源的浪费。

6.2.3 饭店应及时更新陈旧、低效、高能耗设备，采用合同能源管理模式开展节能技术改造。

6.2.4 饭店应优化能源结构，降低单位综合能耗水平和综合能耗费用。

6.2.5 饭店应不断提高能源使用管理的技术手段，实现能源使用管理的系统化、智能化。

7 资源使用管理要求

7.1 水资源使用管理

7.1.1 饭店各部门和各台大型用水设备应建立用水标准，节约用水。

7.1.2 饭店应改进操作过程，建立用水规范，杜绝水资源浪费。

7.1.3 饭店应采用各种水资源再利用措施或技术。

7.2 原材料消耗管理

7.2.1 饭店应减少各类纸张的使用量，积极采用各种替代措施或减量措施。

7.2.2 饭店办公用品应按需使用，提高办公智能化水平。

7.2.3 饭店餐饮食品原材料应按需分类、分质有效利用，减少浪费。

7.2.4　饭店工程零配件、装修材料等应按需使用，充分利用。

7.2.5　饭店洗涤剂、清洁剂的使用应设立使用标准，配置量具或相应设备，严格按标准剂量使用。

7.3　客用物品消耗管理

7.3.1　饭店客房用棉织品应在满足客人要求的前提下，减少更换和洗涤次数。

7.3.2　饭店应减少客房内一次性消耗品的使用。

7.3.3　饭店应积极采用生态、环保型材料制作的客房物品。

7.4　资源回收利用

7.4.1　饭店各种废弃的物品应建立分类回收制度，实施分类回收。

7.4.2　饭店应采用各种措施，实现废弃物品的再利用。无法实现再利用的废弃物品，应妥善管理，交由合法组织回收处理。

8　污染预防与控制

8.1　大气污染物排放控制

8.1.1　饭店应不使用以破坏臭氧层物质为工质的各类消防、制冷设备。

8.1.2　饭店应改进能源结构，对锅炉排烟进行处理，减少形成酸雨的硫氧化物、氮氧化物的排放，减少二氧化碳等温室气体的排放。

8.1.3　饭店应安装厨房油烟净化设备，减少油烟排放。

8.2　水污染物排放控制

8.2.1　饭店厨房应设置隔油池，定期清理，运行正常。

8.2.2　饭店各类污水处理设备应完善并运行正常。

8.2.3　饭店未进入城市污水管网的污水排放应通过专门的污水处理达到一级排放标准排放。

8.3　垃圾房的设置和管理

8.3.1　饭店应设置专门的垃圾房临时存放垃圾；垃圾房应为封闭式空间，并有垃圾污水排放及处理设施。

8.3.2　饭店垃圾桶分类、标识清楚，应符合 GB/T 19095。

8.3.3　饭店应建立垃圾分类、储存、运输管理制度并严格执行。

8.4　有毒有害废弃物管理

8.4.1　饭店应建立有毒有害废弃物清单和回收程序，并有妥善的存放措施。

8.4.2　饭店有毒有害废弃物应由合法的专业机构回收处理。

8.5　厨余废弃物管理

8.5.1　饭店厨房废油应专门收集，交由合法机构回收处理，不能直接排放。

8.5.2　饭店厨余垃圾和餐厅剩余的食品垃圾应交由专门机构回收处理，或自行无污染处理。

8.6　植物养护剂和虫害防治药品管理

8.6.1　饭店植物养护剂和虫害防治药品应有专人管理，记录清楚。

8.6.2　饭店植物养护过程应在室外或专门的场所进行，养护过程完成后才能放置室内。

8.6.3　饭店虫害防治药品的投放和使用应符合使用规范并对客人有专门的告示。

9 产品与服务提供

9.1 安全食品

9.1.1 饭店应建立食品检验制度，提供安全、无污染食品，如绿色食品、无公害食品、有机食品等。

9.1.2 饭店食品原材料加工场所应符合卫生要求，有相应的消毒、更衣、盥洗、采光、照明、通风防腐、防尘、防蝇、防鼠、洗涤、污水排放、存放垃圾和废弃物的设施。

9.1.3 饭店食品存放、加工设备应设置合理，防止食品交叉污染或受到其他物品污染。

9.1.4 饭店各类餐具、饮具应洗净、消毒，并保持清洁。

9.1.5 饭店过期食品应及时处理。

9.2 绿色客房

9.2.1 客房室内空气质量优良，无异味，无装修材料污染。客房新风、排风系统有效，客房新风量每小时30~50立方米。

9.2.2 客房有良好的隔噪处理，室内噪声低于35分贝。室内设备无噪声排放。

9.2.3 客房可放置利于改善室内环境的植物。

9.2.4 客房提供优质饮用水；提供优质、恒温、压力适宜的盥洗用水。

9.2.5 客房提供优质照明。

9.2.6 客房室内设备运行，如中央空调、照明等应实现智能化控制，并方便客人使用。

9.2.7 客房采用建筑遮阳技术和自然通风。

9.2.8 客房有室内环境质量信息，棉织品更换、物品减量使用方面的告示。提供环保读物，提升客人环保理念。

9.2.9 客房楼层电梯应有新风系统。

9.2.10 饭店可设置自助服务区，如公共洗衣机、熨烫服务区、自助售货机等。

9.3 绿色餐厅

9.3.1 餐厅设施应定期清洁、消毒，符合《公共场所卫生管理条例》的要求。

9.3.2 餐厅空气质量优良，无异味，通风良好。

9.3.3 餐厅明档应配备有效的排油烟装置。

9.3.4 餐厅不加工、销售野生保护动物。

9.3.5 餐厅装饰用植物，无污染。

9.3.6 餐厅服务应严格操作规范，确保食品质量和服务人员个人卫生符合标准。

9.3.7 餐厅可提供适量点餐服务，按需配置食品分量，减少浪费。

9.3.8 餐厅可提供打包、存酒等服务。

9.3.9 餐厅应不提供一次性餐具（打包服务除外）。

10 安全与员工健康管理

10.1 安全管理

10.1.1 饭店应识别安全隐患，建立火灾、人员伤亡、电梯困人、泳池溺水、设备伤害等突发事件的应急处理预案，定期进行演练，确保紧急状态下应急预案的有效实施。

10.1.2 饭店特种设备应由专人管理，操作人员应经过专门的培训。特种设备应按照规范操作。

10.1.3 饭店客用设施应定期维护检查，确保安全。应识别客用设施中的安全隐患，及时排除纠正。

10.1.4 饭店公共区域的作业施工，应设置围护，并有明显的告示，作业时应有专人管理。

10.1.5 饭店监控设施应完善、有效。

10.2 员工健康管理

10.2.1 饭店应做好员工工作防护，对接触各类化学品、各类有毒有害污染物的员工，应建立完善的防护措施。

10.2.2 饭店应为员工提供环境良好的休息、用餐场所。

10.2.3 饭店可设立员工心理辅导站，维护员工心理健康。

11 社会责任

11.1 绿色理念宣传

11.1.1 饭店应通过各种措施和渠道向顾客传播绿色理念，提高顾客的环保意识。

11.1.2 饭店应定期发布绿色旅游饭店创建成效。

11.1.3 饭店可采取奖励、优惠等措施引导顾客参与饭店绿色计划。

11.2 绿色采购

11.2.1 饭店应选择合格供应商提供的产品和服务，拒绝使用损害环境的供应商提供的产品。

11.2.2 饭店宜优先选择提供环保型产品的供应商。

11.2.3 饭店应积极与供应商协商，在产品包装、物流、仓储等环节降低消耗、减少环境污染。

11.3 社区服务

11.3.1 饭店应参与社区的各种公益活动，协调饭店与社区的关系，减少饭店运行对社区居民的影响。

11.3.2 饭店应参与社区环境改善活动。

11.3.3 饭店可对社区居民开放公共活动设施。

11.3.4 饭店应开展社区环境保护宣传，提升公众环保意识。

11.4 环境绩效改善

11.4.1 饭店应按照 GB/T 23331 建立能源管理体系，单位综合能耗水平逐年下降或达到 LB/T 018 中的先进指标。

11.4.2 饭店应按照 GB/T 19001 建立质量管理体系，按照 GB/T 24001 建立环境管理体系。

11.4.3 饭店主营业务收入与用水量和消耗品使用量的比例应逐年下降或与上年持平。

12 划分与评定

12.1 划分与参评资格

12.1.1 绿色旅游饭店分为金叶级和银叶级两个等级。金叶级应达到附录B评定细则240分及以上，银叶级应达到附录B评定细则180分及以上。

12.1.2 全国范围内，正式开业一年以上，并满足附录A要求的饭店具有参加评定的资格。

12.2 评定机构和权限

12.2.1 全国旅游星级饭店评定机构统筹负责绿色旅游饭店的组织、领导、评定工作，制定评定工作的实施办法和评定细则，授权、督导省级以下旅游星级饭店评定机构开展绿色旅游饭店的评定工作，保有对各级旅游星级饭店评定机构所评绿色旅游饭店的否决权，并接受国家旅游局指导和监督。

12.2.2 省、自治区、直辖市旅游星级饭店评定机构按照全国旅游星级饭店评定机构的授权和督导，组织本地区绿色旅游饭店的评定与复核工作，保有对本地区下级旅游星级饭店评定机构所评绿色旅游饭店的否决权。同时，负责将本地区所评绿色旅游饭店的批复和评定检查资料上报全国旅游星级饭店评定机构备案。评定机构应吸收相关专业技术部门代表参加，并接受各省、自治区、直辖市旅游局的指导和监督。

12.2.3 其他城市或行政区域旅游星级饭店评定机构按照全国旅游星级饭店评定机构的授权和所在地区省级旅游星级饭店评定机构的授权，实施本地区绿色旅游饭店的推荐、评定和复核工作。同时，负责将本地区绿色旅游饭店的推荐或评定检查资料上报省级旅游星级饭店评定机构。评定机构应吸收相关专业技术部门代表参加，并接受各城市或行政区域旅游局指导和监督。

12.3 评定程序

12.3.1 饭店向所在城市或行政区域旅游星级饭店评定机构提交评定申请报告及数据表单。

12.3.2 饭店所在城市或行政区域旅游星级饭店评定机构向省级旅游星级饭店评定机构推荐申报饭店，或根据授权对申报饭店进行评定，并将有关评定检查情况上报省级旅游星级饭店评定机构备案。

12.3.3 省级旅游星级饭店评定机构对申报饭店进行评定。

12.3.4 评定后，达到标准要求的予以通过并公告，同时，上报全国旅游星级饭店评定机构备案，并由全国旅游星级饭店评定机构颁发绿色旅游饭店证书及标志牌。未达到标准要求的，不予通过。

12.4 标志管理

12.4.1 绿色旅游饭店标志实行自愿申请，强制管理制度。

12.4.2 经评定的绿色旅游饭店被授予相应的标志，并颁发证书。

12.4.3 绿色旅游饭店标志牌由全国旅游星级饭店评定机构统一制作、核发。

12.4.4 经评定的绿色旅游饭店，由省级旅游星级饭店评定机构每五年复核一次。复核结果上报全国旅游星级饭店评定机构备案。

12.4.5 标志的有效期为五年（自颁发证书之日起计算）。

12.4.6 凡标志使用有效期满而不继续申请的，视为放弃标志使用。

附录 A（规范性附录）绿色旅游饭店评定细则

表 A.1 必备项目检查表

序号	项目	是否达标
1	环境管理要求	
1.1	饭店在运营管理中应遵守环保、节能、卫生、防疫、规划等方面的法律法规和其他要求	
1.2	饭店承诺污染预防并持续改进饭店的环境绩效	
1.3	饭店设置有实施绿色旅游饭店的创建与管理的组织体系，并创造能使员工充分参与创建与管理绿色旅游饭店的内部环境	
1.4	饭店制订并实施绿色旅游饭店的创建与管理培训计划	
1.5	饭店制定有绿色旅游饭店的环境方针和目标指标。环境方针应描述清楚，目标指标应可行	
1.6	饭店建立并实施有关环保、节能、污染预防以及倡导绿色消费、绿色采购等方面的规章制度和管理要求	
1.7	饭店应因地制宜、形式多样地开展绿色旅游饭店的宣传、推广活动，鼓励饭店消费者、供应商参与绿色旅游饭店的实施工作	
2	环境质量要求	
2.1	饭店锅炉大气污染物排放应符合《锅炉大气污染物排放标准》	
2.2	饭店厨房排烟应符合《饮食业油烟排放标准》	
2.3	饭店污水排放应符合《污水综合排放标准》	
2.4	饭店垃圾分类及管理应符合《城市生活墙头 分类及其评价标准》	
2.5	饭店噪声排放应符合《声环境质量标准》	
2.6	新建、改建饭店或饭店实施局部改造装修工程后，室内空气质量应符合《民用建筑工程室内环境污染控制规范》，运营中的饭店，室内空气质量应符合《室内空气质量标准》	
2.7	饭店能源计量系统应符合《用能单位能源计量器具配备和管理通则》	
2.8	饭店不出售、不加工以野生保护动物为原料的食品	
2.9	饭店在一年内未出现重大环境污染事故，无环境方面的投诉	

表 A.2 评定项目检查表（略）。

参考文献

[1] 韩军，翟运涛．客房服务与管理［M］．上海：上海交通大学出版社，2014.

[2] 朱小彤．客房服务与管理［M］．北京：旅游教育出版社，2015.

[3] 单丽平．客房服务与管理［M］．北京：旅游教育出版社，2016.

[4] 石磊．客房服务与管理［M］．北京：旅游教育出版社，2016.

[5] 杨结．客房部实习生：从生手到能手［M］．北京：旅游教育出版社，2014.

[6] 王光健．客房服务与管理实务［M］．北京：高等教育出版社，2018.

[7] 陈景．酒店客房服务与管理［M］．北京：高等教育出版社，2016.

[8] 吴玲．客房服务与管理［M］．北京：高等教育出版社，2015.

[9] 文蓉．客房服务与管理［M］．北京：高等教育出版社，2016.

[10] 汝勇健．客房服务与管理实务［M］．南京：东南大学出版社，2017.

[11] 徐文苑．酒店客房服务与管理［M］．武汉：华中科技大学出版社，2017.

[12] 苗淑萍，齐琳．客房服务与管理［M］．北京：清华大学出版社，2015.

[13] 碧水湾温泉管理制胜之道（四）［EB/OL］．http：//www. 360doc. com/content/19/0219/19/62273718_ 816148812. shtml.

[14] 日本酒店解雇半数机器人，称故障太多增加额外工作量［EB/OL］．https：//mp. weixin. qq. com/s/GG_ gxna3PPJwNNADTeZoWA.

[15] 客房部节能降耗管理规定［EB/OL］．http：//www. doc88. com/p-3897735-59245. html.

[16] 中国第一家邮轮主题亲子酒店！［EB/OL］．https：//mp. weixin. qq. com/s? _ _ bi-z = MjM5NjI4MDU4NA = = &mid = 2651306926&idx = 8&sn = c8617c0a1f36b7ef36a25-b8c8f6c10ec&chksm=bd18bbc98a6f32df466594ff23753ecc0d57c2116f1ab00f242192dbea5b9994e951-58df6b91&mpshare=1&scene=23&srcid=0116W1IQTyAR5WZJO15fIziE#rd.

[17] 抢先看！全球第一家冰雪奇缘主题房！Elsa 粉必打卡！全球 6 家迪士尼乐园“冰雪奇缘”大全！［EB/OL］．https：//mp. weixin. qq. com/s/onwGFu2AYctV-ENSmwQzsw.

[18] 女性专属酒店，你想去住么？［EB/OL］．https：//mp. weixin. qq. com/s/3bd-ns17tZ8RnGar0FOUlvQ.

[19] 无障碍客房设计有哪些规范［EB/OL］．https：//zhidao. baidu. com/question/494153803025744332. html.

[20]【权威发布】2018 中国民宿客栈行业发展报告［EB/OL］．https：//mp. wei-xin. qq. com/s/4fG9YdZlq4ep4YereThyjw.

[21] 一张图看懂酒店业的改革开放 40 年［EB/OL］．https：//mp. weixin. qq. com/s/4jd1910xqHORzPto2RgA1g.

[22] 国家旅游局发布《旅游民宿基本要求与评价》行业标准 ｜ 附全文［EB/

OL］. https：//www. sohu. com/a/166293222_ 168296.

［23］国家旅游局发布《旅游经营者处理投诉规范》行业标准 | 附全文［EB/OL］. http：//www. sohu. com/a/166603607_ 653396.

［24］国家旅游局发布《文化主题旅游饭店基本要求与评价》行业标准 | 附全文［EB/OL］. http：//www. sohu. com/a/166707397_ 349299.

［25］国家旅游局发布《精品旅游饭店》行业标准 | 附全文［EB/OL］. https：//www. sohu. com/a/166292098_ 168296.

［26］经济型酒店一定要通过转型才能发展？做好客房管理更实际（上）！［EB/OL］. https：//mp. weixin. qq. com/s/89FbXSFtQABUnbdyoiWZ2w.

［27］经济型酒店一定要通过转型才能发展？做好客房管理更实际（下）！［EB/OL］. https：//mp. weixin. qq. com/s/GWdYVdHF-j-BWCs6PUNGwg.

［28］戴斌："毛巾门"法无授权怎么解决［EB/OL］. https：//mp. weixin. qq. com/s/HKB9NqqBekD5uyBy29mLdg.

［29］如何避免酒店服务员打扫房间不干净［EB/OL］. https：//mp. weixin. qq. com/s/sa458X_ KREqM8WvcyTVOVQ.

［30］豪华酒店保洁：一间挣十元，求快求多难免不规范［EB/OL］. https：//mp. weixin. qq. com/s/nQgybLACAUIFvx02jzPQpQ.

［31］震惊！曝光 14 家 1100 元-5000 元大牌 5 星酒店，用客人毛巾同时擦杯子和坐便器…［EB/OL］. https：//mp. weixin. qq. com/s/RJfr1LfqSQx4gRZMSTzfag.

［32］酒店客房肮脏的杯具和隐藏的摄像头，哪一个是酒店的致命伤？［EB/OL］. https：//mp. weixin. qq. com/s/vm389KtzCQbWJIvvoYhbug.

［33］五星级酒店卫生问题频曝光，用户持续不满，酒店人该如何应对？［EB/OL］. https：//mp. weixin. qq. com/s/9BUnxKnKWFpF6CY_ Utj04A.

［34］酒店住客的几大奇葩投诉［EB/OL］. https：//mp. weixin. qq. com/s/ftB5DXzxpryAfzFhxVcT7Q.

［35］马云野心终于暴露？阿里未来酒店即将开业，没有一个服务员……［EB/OL］. https：//www. toutiao. com/i6618936098397618701/？tt_ from = weixin_ moments&utm_ campaign = client_ share&wxshare_ count = 8&from = timeline&timestamp = 1541111783&app = news_ article&utm_ source = weixin_ moments&isappinstalled = 0&iid = 48457382285&utm_ medium = toutiao_ ios&group_ id = 6618936098397618701&pbid = 6619093950149477896.

［36］皇冠假日酒店及度假村：客房部主管［EB/OL］. https：//ihg. tupu360. com/company _ IHG _ crowne/position/detail/5bd96bcd744a26291faf6e08？type = SOCIALRECRUITMENT&lang = zh _ CN&id = 5bd96bcd744a26291faf6e08& _ ec = company _ IHG _ crowne.

［37］刚刚，京东无界酒店来了，酒店与电商行业双双变革［EB/OL］. http：//www. sohu. com/a/271427654_ 115928.

［38］2018 年酒店人一定要知道的行业真相［EB/OL］. https：//mp. weixin. qq. com/s/SkY9wqN9-NddqB1mdS70qw.

［39］"豪华酒店之父"凯撒·丽兹的传奇人生［EB/OL］. https：//mp. weixin. qq.

com/s/lHxq3KhuMxqjh_ JVrQ4M9Q.

[40] 2018 年第二季度全国星级饭店统计公报 [EB/OL]. http://zwgk.mct.gov.cn/auto255/201811/t20181112_ 835893.html? keywords=#.

[41] [语音] 酒店人必备英文—设施与客房维护 [EB/OL]. https://mp.weixin.qq.com/s? _ _ biz = MjM5NTAwMzc3NA = = &mid = 2658175219&idx = 1&sn = 6a9ddf59f7650b67c9935d9b3e8d5ee0&chksm=bd7b04e28a0c8df4ef9c565d7c877448e31db6c2a68c604b33bb90c708eb0c5ca15913983935&mpshare=1&scene=23&srcid=0105oE8KFz-Oc85dNtI9KQCIj#rd.

[42] 全国酒店客房销量排名前三！创新商业模式，并将互联网思维用到极致，全年高营收、高出租率是如何做到的？[EB/OL]. https://mp.weixin.qq.com/s? _ _ biz=MzA5NDM5NDcwMQ==&mid=2651846718&idx=2&sn=c61ee79c3569f62532752ca2-0dc1-65f6&chksm=8bb4181cbcc3910a707947062cdaf112c584e397d98416062258f7093dbd2-cde1433b644bcd0&mpshare=1&scene=23&srcid=#rd.

[43] 细致到变态的日本人：搬个行李都能爆红网络，真是不得不服啊…[EB/OL]. https://mp.weixin.qq.com/s? _ _ biz = MzI2MTcxMjI0MQ = = &mid = 2247499745&idx=1&sn=b3396f9f286c215afa9cff4d4aeea79a&chksm=ea548fffdd2306e9e81-d42b788330aa7ec81bb5375a966c593c317c60906540efdf30b701a9a&mpshare = 1&scene = 23&srcid=#rd.

[44] 中国首家成功导入积分制的酒店！广东省服务排名第一！七年营收、利润双增长！顾客提名表扬 5000 余人次、满意度 100%，奇迹碧水湾！[EB/OL]. https://mp.weixin.qq.com/s? _ _ biz=MzA5NDM5NDcwMQ==&mid=2651846711&idx=2&sn=a339fd70849a037bd2973c2328cc3b78&chksm=8bb41815bcc391032cbf0627741ad0b1c5242-2a9bb0ed5390f9c74476046c9b0a8819a17b84f&mpshare=1&scene=23&srcid=#rd.